이런데서 사고 나면 누구 책임?
정부에서 보상받자

이런데서 사고 나면 누구 책임? 정부에서 보상받자

발행일	2021년 1월 22일		
지은이	김천중		
펴낸이	손형국		
펴낸곳	(주)북랩		
편집인	선일영	편집	정두철, 윤성아, 최승헌, 배진용, 이예지
디자인	이현수, 한수희, 김민하, 김윤주, 허지혜	제작	박기성, 황동현, 구성우, 권태련
마케팅	김회란, 박진관		
출판등록	2004. 12. 1(제2012-000051호)		
주소	서울특별시 금천구 가산디지털 1로 168, 우림라이온스밸리 B동 B113~114호, C동 B101호		
홈페이지	www.book.co.kr		
전화번호	(02)2026-5777	팩스	(02)2026-5747

ISBN   979-11-6539-579-7 03690 (종이책)   979-11-6539-580-3 05690 (전자책)

(주)북랩 성공출판의 파트너

북랩 홈페이지와 패밀리 사이트에서 다양한 출판 솔루션을 만나 보세요!

홈페이지 book.co.kr   •   **블로그** blog.naver.com/essaybook   •   **출판문의** book@book.co.kr

이런데서 사고 나면 누구 책임?

정부에서 보상받자

김천중 지음

한국의 도로는 운전 초보자에게 가혹하다
갑자기 차선이 사라지고 아리송한 표지판은 진입로를 놓치게 만든다
인간 중심으로 도로를 설계하지 않고 기능과 구조만 따져 도로를 놓는 탓이다

**이제 도로 탓에 사고가 난다면 망설이지 말고
정부에 보상을 청구하자**

북랩 book Lab

교통신문 2020년 8월 18일자에는 이런 흥미로운 기사가 실렸습니다.

합류 도로의 '가속 차로'가 곧 사라진다는 표시를 제대로 하지 않은 탓에 사고가 발생했다면 국가가 책임을 져야 한다는 법원 판결이 나왔다.

이 소송은 2017년 12월 28일 저녁 전남 나주시의 편도 1차로 국도에서 발생한 사고와 관련해 제기된 것으로, 운전자 A씨는 다른 도로에서 이 도로로 합류해 2차로를 주행하다가 연석을 들이받고 그 충격으로 중앙선을 침범해 B씨의 차량과 충돌했다.

당시 A씨가 주행하던 2차로는 주행을 위한 차로가 아닌 '가속차로'였다. 그런데 A씨가 진입한 가속차로에는
· '우측 차로가 없어진다'는 교통 표지판도,
· 바닥에 '안쪽으로 차로를 변경하라'는 지시 화살표도 없었다.
· 심지어 가속차로와 1차로의 경계는, 처음에는 점선으로 표시되다가 3분의 2 구간이 지난 뒤에는 차로 변경을 금지한다는 의미의 실선으로 바뀌기까지 했다.

그 결과 운전자는 차로가 사라진다는 것을 인지하지 못하고 연석에 부딪히고 말았다.

재판부는 "이 도로는 '신뢰의 원칙'이 적용될 수 없는 상황을 설치 주체가 초래한 흠결이 중대하고도 명백하다"고 판시했으며, 앞서 A씨가 이 사고로 금고형의 집행유예를 받은 것에 대해서도 비판했다.
재판부는 "도로 설치의 하자를 주장했어야 하나, 중앙선 침범 사고라는 이유로 당연히 했어야 할 변론을 포기한 것으로 의심된다"며 "이 사건에서 중앙선 침범은 고의가 아니므로 무죄 등을 주장했어야 한다"고 지적했다.

그러면서 보험사가 50%의 책임을 주장한 만큼, 이를 모두 받아들여 국가가 보험금의 절반인 2억5,000여만 원을 지급하라고 판결했다.

출처 교통신문(http://www.gyotongn.com)

가속차로는 이렇게 생긴 연결 구간입니다.

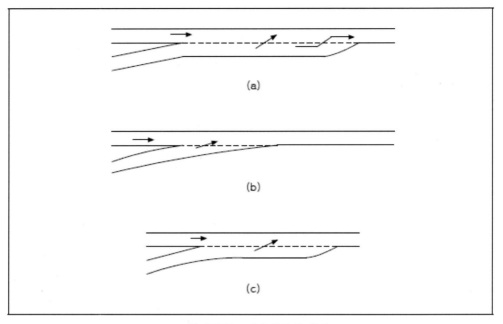

<그림 218.31> 가속차로의 형상

위 사고 장소가 어디인지는 알 수 없으나 신문기사 내용에 따르면 아마도 (a) 형태가 아닐까 여겨집니다. 이러한 도로에서는, 접속구간이 곧 사라진다고 운전자에게 알려줘야 하는데 그 방법은

· 차선
· 표지판
· 노면(길바닥) 표시일 겁니다.

여기에 대한 규정과 기준이 어떻게 되어 있는지 찾아보았습니다.

1. 차선

경찰청에서 발간한 『교통노면표시 설치·관리 매뉴얼』은 이런 구간의 차선을 '진로변경제한선'이라고 하며 다음의 예시를 보여주고 있습니다.

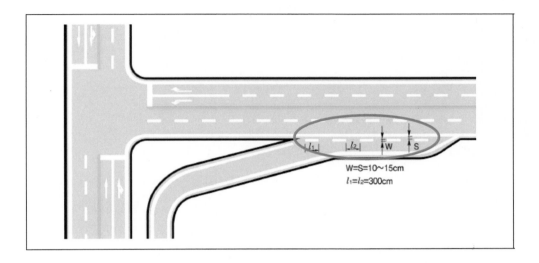

실선에 점선을 조합한 형태로, 한쪽 방향으로만 진로변경이 가능하다는 의미입니다. 실제 도로 모습입니다.

2. 표지판 및 노면 표시

우측 차로가 없어지는 구간의 표지와 표시에 대해 경찰청이 발간한 『교통안전표지 설치·관리 매뉴얼』은 이렇게 설명하고 있습니다.

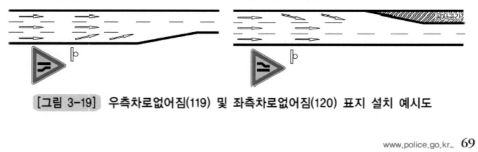

5. 우측차로없어짐(119) 및 좌측차로없어짐(120)

기 준

○ 편도 2차로 이상의 도로에서 우측 또는 좌측의 차로가 없어지는 곳에 설치해야 한다.

해설 편도 2차로 이상의 도로에서 우측 또는 좌측의 차로수가 감소되어 사고위험 또는 소통장애나 정체 등이 예상되는 장소에 설치한다. 설치위치는 차로가 없어진 지점으로부터 전방 50~200m 범위 내로 하며, 주행속도가 높은 도로에서는 중복하여 설치한다. 이 경우 공학적 판단에 따른다. 설치장소는 도로 우측에 설치하는 것을 원칙으로 한다. 다만, 좌측차로수 감소로 인해 좌측차로를 통행하는 운전자에게 알릴 필요가 있는 경우 도로좌측에 추가하여 설치할 수 있다.

[그림 3-19] 우측차로없어짐(119) 및 좌측차로없어짐(120) 표지 설치 예시도

www.police.go.kr_ **69**

설치 예시도를 보면, 표지판 설치와 노면 화살표 표시를 함께 하고 있습니다.

하지만, 실제 도로에서는 화살 표시가 노면에 그려져 있는 가속구간은 많은데 '우측차로없어짐' 표지판이 설치되어 있는 곳은 아주 드물더군요. 아무런 표지판이 없거나 또는 '양보' 표지판이 설치되어 있습니다.

신문 기사에 따르면 이 모든 것이 없었다고 합니다. 신문 내용과 비슷해 보이는 도로를 찾아보았습니다.

다음은 충북 보은군의 한 도로 모습입니다(사고 도로는 편도 1차로 도로이므로 한 차로가 없는 것으로 간주하면 되겠습니다).

녹색선을 따라 우회전하면 3차로에 들어서게 됩니다.

3차로를 달리는 운전자는 왼쪽으로 '정상' 점선 차선을 보게 되고, 좀 더 진행하면 실선 구간을 만나게 됩니다. 우측 차로가 없어진다는 표지판이나 양보 표지판이 없고, 노면에도 아무런 표시가 되어 있지 않으니 운전자는 당연히 3차로를 따라 운전해도 괜찮은 것으로 판단할 겁니다.

앞에서 살펴본 두 경찰청 매뉴얼을 종합해 이 도로에 대입해 보면,

· 가속차로이기에 차선으로는 진로변경제한선을 그려 놓아야 하며
· 곧 차로가 없어지기에 '우측차로없어짐' 표지판 설치와 함께 노면의 화살표 표시를 해 놓아야 할 것입니다.

하지만 이 도로는 그렇지 않습니다.

도로가 어떻게 계획되고 어떻게 유지되고 있는지 매우 의아해집니다. 이런 곳에서 사고가 난다면 앞서 예시로 든 판결과 같이 당연히 도로관리 책임기관의 몫이라 생각됩니다.

이런 구간을 캐나다에서는 어떻게 할까요? 다음 예시는 Ontario Traffic Manuals에 나오는 내용입니다.

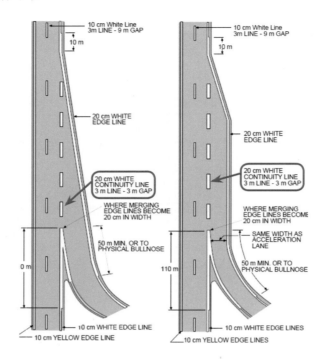

캐나다에서는, 앞의 그림처럼 식별하기 매우 쉬운 'Continuity Line'이 그려져 있습니다. Continuity Line은 굵고 짧은 점선으로 차로의 변경이 일어나는 구간을 나타냅니다(차선에 관한 26장 참조).

전남 나주의 사고구간처럼 편도 1차로 도로라면 다음 그림처럼 Continuity Line이 그려져 있었을 겁니다.

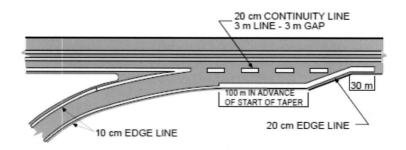

실제 캐나다 도로 모습은 이렇습니다.

도로가 합쳐지는 구간에 Continuity Line이 그려져 있고, '우측차로없어짐' 표지판(녹색 원 안)이 설치되어 있습니다(빨간색 원은 공사중 표시). 길바닥(노면)은 화살표 표시 없이 깨끗하군요.

가속구간이 아닌, 차로가 줄어드는 경우의 표시는 어떨까요?

Figure 15 – Transitions from Four to Two Lanes
(Four Lane to Two Lane Undivided – On Centre Line)

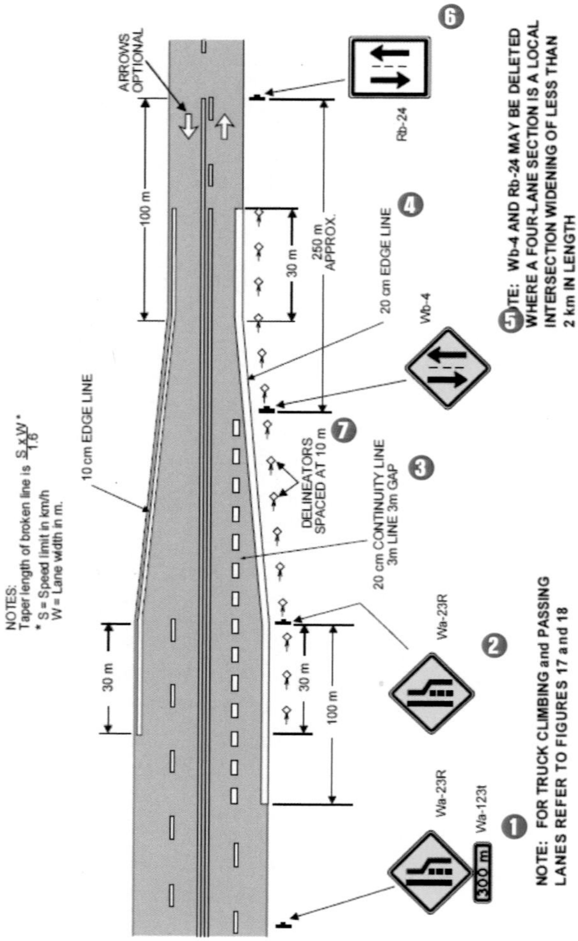

1, 2: '우측차로없어짐' 표지판이 두 개입니다.

3: 여기에도 Continuity Line이 있습니다.

4: 가장자리선이 굵게 칠해져 있습니다.

5: 전방에서 왕복 2차로로 바뀜을 예고합니다.

6: 이제, 왕복 2차로 도로임을 표시합니다.

7: 도로경계 표시를 설치하여 도로 폭이 변화함을 나타냅니다.

한국 도로와 캐나다 도로 예시에는 상당한 차이가 나타납니다. 동일한 상황인데도 너무 다릅니다. 캐나다 도로가 운전자에게 편리하고 안전한 도로겠지요.

앞에서 소개한 사고처럼 도로부실로 인한 사고를 방지하려면, 무엇보다도 기준을 명확하게 설정해 놓고 그 기준에 따라 정확하게 도로 설비를 갖추어 놓아야 할 것입니다. 도로 이용자인 운전자 중심으로 해야 함은 당연한 얘기겠지요.

도로관리주체인 국토부는 '도로관리부실'로 5년간 구상금 28억 원을 지출하였다고 합니다(국토매일 2016년 10월 12일자 기준). 정부의 경우, 구상금 지불과 그에 따른 도로시설 개선으로 이중 지출을 하고 있는 게 현실입니다.

도로관리기관에서 정확하게 도로 시설을 해 놓는다면, 운전자는 보다 안전하게 운전할 수 있게 되어 좋고, 정부는 불필요한 지출을 하지 않아 좋을 것입니다. '윈-윈' 이지요.

이렇게 하기 위해서 도로 이용자인 운전자들은 도로가 어떻게 잘못되어 있는지 이해하고, 개선요구와 피해에 대한 보상요구를 적극적으로 해야 할 것입니다.

이 책은 안전 운전에 도움이 되고자 이용자 관점에서 살펴본 한국 도로의 문제점들을 설명합니다. 전문가가 아니기에 오류가 있으면 양해해 주시길 부탁드립니다.

저자

목 차

01

쉴 새 없이 차선변경을 해야 하는 이유, 그래서 그런 거구나

한국의 시내 도로를 운전하다 보면 (조금 과장해서) 쉴 새 없이 차로를 변경해야 합니다. 좌·우회전을 해야 하는 경우라면 당연한 일이지만, 똑바로 앞으로 가려고 해도 내 의도와는 관계없는 희한한 상황에 놓이는 경우가 흔하지요. 뭐 이런 일은 한국에선 너무나 당연한 거니 한국에서만 운전한 사람이라면 "이게 뭔소리여?"라고 할 가능성이 높습니다.

부산 강서구에서 김해시로 향하는 낙동북로를 예로 들어보겠습니다.

편도 3차로인 낙동북로를 세 번째 차로/서쪽 방향으로 운전하고 있다면 부산김해경전철 평강역을 지나자마자 황당함을 느끼게 됩니다. 교차로를 지나면 갑자기 그 세 번째 차로가 없어지기 때문입니다.

교차로 진입 전 모습으로, 세 번째 차로는 직진과 우회전을 할 수 있는 구조입니다.

교차로를 지나면, 세 번째 차로가 좁아진다고 느껴지며 어리둥절하기 시작합니다(블랙박스 영상을 보니 길바닥에 무언가가 그려져 있군요).

화살표 표시와 양보 표시가 나타나며 세 번째 차로가 사라집니다.

길바닥에 이런 표시가 있는 건 블랙박스 영상을 보고 알았습니다. 실제 운전 중일 때는 차로가 없어지기에 브레이크를 밟아 속도를 줄이고, 옆 차로에 다른 차가 있는가 확인하며 차로를 옮기느라 경황이 없습니다.

기존 1차로의 안쪽으로 한 차로가 새로 생기면서 차로 수는 3개 그대로 유지됩니다.

상황이 다 끝나는 단계, 그리고 운전자는 차선을 변경하느라 무지 바쁜 순간일 텐데 여기에 '양보 표지판(사진의 빨간색 원 안)'을 설치해 두었습니다. 이것도 블랙박스 영상을 보고 알았습니다.

얼마나 황당한지 당해보지 않은 사람은 그 기분을 잘 모를 것입니다. 옆 차로에서 갑자기 밀고 들어오니 두 번째 차로에 있던 운전자도 덩달아 당황해 하고….

이 구간에서 저 또한 사고가 날 뻔했고, 다른 운전자가 곤란을 겪는 모습도 여러 번 보았습니다.

이 황당한 상황에서 받은 열이 채 식기도 전, 1.7km 정도 더 진행하여 김해교에 다다르면 또다시 열받게 됩니다.

편도 3차로 도로의 첫 번째와 두 번째 차로가 좌회전으로 되어 버리기 때문입니다. 직진하려면 세 번째 차로나 (다리 위에서 늘어난) 네 번째 차로로 옮겨야 합니다.

물론 오버헤드식 지정차로 표시 안내판 이런 건 없습니다.

한국의 이런 도로 구조에 대해 나름대로 명칭을 붙여 보았습니다.
· 갑직좌: 갑자기 직진이 좌회전 차로로 바뀜
· 갑직우: 갑자기 직진이 우회전 차로로 바뀜
· 초딩 수준 차선 긋기 등

캐나다에서 운전할 때는 도시의 한쪽 끝에서 다른 끝까지 가더라도 타의에 의해 차로를 변경해야 할 일이 거의 없었습니다. 변경한다면, 교통통제 상황 때문이라든가 아니면 운전자 본인의 필요에 따라 하는 거겠지요. 미국이나 일본 등의 교통선진국에서는 당연히 캐나다에서와 동일했습니다. 운전하기 참 편합니다.

한국에서 이런 일들을 반복적으로 겪다 보면 궁금해지게 마련입니다. 이런 도로는 누가 설계했고 그 설계 기준은 어떨까? 검색해 보니 여러 자료를 찾을 수 있었습니다.
국토해양부(현 국토교통부)가 발간한 『도로설계편람』(2012년판)이 제일 잘 되어 있던데 그 책의 2권에서 '기본 차로 수', '차로의 균형', '엇갈림(Weaving)'의 세 가지 개념이 소개되어 있었습니다.

어떤 개념들인지 이 책에 따르면,

· 기본 차로 수: 교통량의 과다에 관계없이 도로의 상당한 거리에 걸쳐 유지되어야 할 최소의 차로
개수를 의미

· 차로의 균형: 차로가 합쳐지거나 나뉘어지는 상황에서 차로의 개수는 어떻게 되어야 하느냐에 대
한 기본 원칙

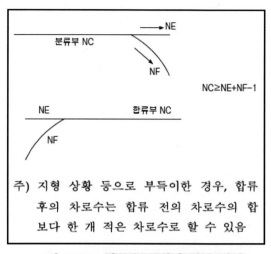

<그림 215.1> 차로수 균형의 기본 원칙

· 엇갈림(Weaving): 교통통제 시설의 도움 없이 상당히 긴 도로를 따라가면서 동일 방향의 두 교통류
가 엇갈리면서 차로를 변경하는 교통 현상(본 책의 5장 엇갈림 참조).이라고 설명되어 있습니다.

그런데 아무리 생각해 봐도 뭔가 부족합니다. 이 3가지 만으로는, 차로 변경을 하지
않아도 되는 교통선진국의 도로구조가 이해되지 않으니까요. 그래서 캐나다의 도로설
계기준 책자『Geometric Design Guide for Canadian Roads』(이하 GDGCR)를 구입하
여 보게 되었습니다.

그동안 참고해 왔던 캐나다 온타리오주의『Ontario Traffic Manuals』(OTM) 등 여러
캐나다 자료에서 GDGCR를 자주 언급하고 있었기에 이 책에서는 뭐라고 하는지 궁금
해졌습니다. GDGCR 전체 책 값이 만만치 않아 'Chapter 3'만 구입했는데 여기에
Lane Configuration(차로 배열)이란 내용이 실려 있었습니다.

이 책을 읽고 차로에 대한 모든 궁금증이 풀렸습니다. GDGCR에는 한국『도로설계편람』에도 실려 있는 3가지 개념 이외에 'Lane Continuity'와 'Route Continuity'의 두 개념이 더 소개되어 있었습니다.

· Lane Continuity란 말 그대로 차로가 일관성 있게 유지됨을 말합니다. 그림으로 설명하는 게 쉽겠지요.

다음 그림의 i), ii), iv) 도로에서 왼쪽에서 오른쪽으로 진행하는 운전자는 자신의 차로를 바꾸지 않더라도, 다시 말하면 자신의 차로를 유지하고 있으면 목적지에 다다를 수 있는 구조입니다.

이에 반해 iii) 도로에서는 차로를 여러 번 바꿔야 하지요. 전형적인 한국 도로의 모습입니다.

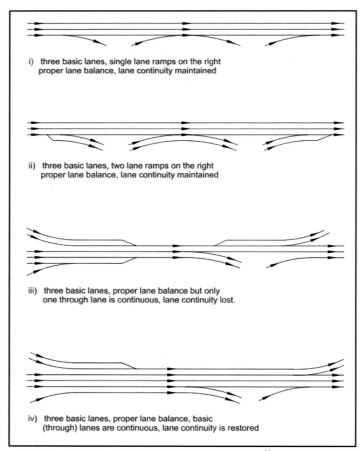

Figure 3.7.1: Examples of Lane Continuity[79]

출처 Geometric Design Guide for Canadian Roads

· Route Continuity(목적지 유지 일관성)는 운전자가 목적지로 향할 때 운전자의 워크로드를 낮춰주는 여러 가지를 의미하고 있습니다. 예를 들면, 적절한 표지판 위치/크기/내용, 차로 변경 최소화, 규칙적인 도로 갈림/합류 방법 등입니다.

이처럼 차로에 관련된 도로설계 개념은 5가지가 있습니다. 맨 앞에서 예로 들은 낙동북로를 이 개념들에 대입해 보겠습니다.

도로설계 개념	한국 도로설계편람 기준	캐나다 기준
기본 차로 수	3개	3개
차로의 균형	아리송 또는 적용대상 아님	불합격 또는 적용대상 아님
엇갈림	적용대상 아님	적용대상 아님
Lane Continuity(차로 유지 일관성)	기준 없음	불합격
Route Continuity(목적지 유지 일관성)	기준 없음	불합격 또는 적용대상 아님

선진국에 비해 왜 한국 도로가 운전하기 어려운지 이제 이해가 됩니다.
운전자의 편의를 고려한 설계개념이 『도로설계편람』에 담겨 있지 않고, 그 결과 교통 선진국의 기준에 충족되지 않으니 당연한 결과일 겁니다.

Lane Continuity(차로 유지 일관성)와 Route Continuity(목적지 유지 일관성)개념이 한국 도로에 적용되지 않는 이유를 알 수 없습니다.
한 가지 틀림없는 사실은 현재의 도로설계 기준을 유지하는 한 한국의 도로는 교통 선진국의 도로에 비해 계속 뒤처져 있을 것입니다.
이용자들은 변함없이 불편을 겪을 것이고 뜻하지 않은 사고에 연루될 가능성은 높아질 것이며 이러한 사고의 근본적인 원인 제공자는 도로관리 관공서일 것입니다.

도로이용 네트워크(www.srek.or.kr)

다음은 부산 강서구 낙동북로와 경남 김해시 김해대로 사이의 동선과 차로 수 변화를 표시한 차트입니다. 아래(뒷 페이지)에서 위(앞 페이지)로 진행합니다.

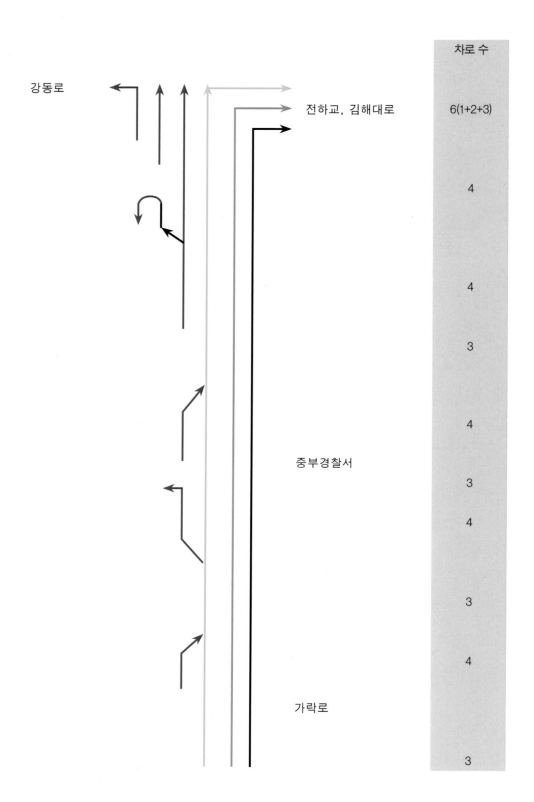

차로 수
6(1+2+3)
4
4
3
4
3
4
3
4
3

강동로

전하교, 김해대로

중부경찰서

가락로

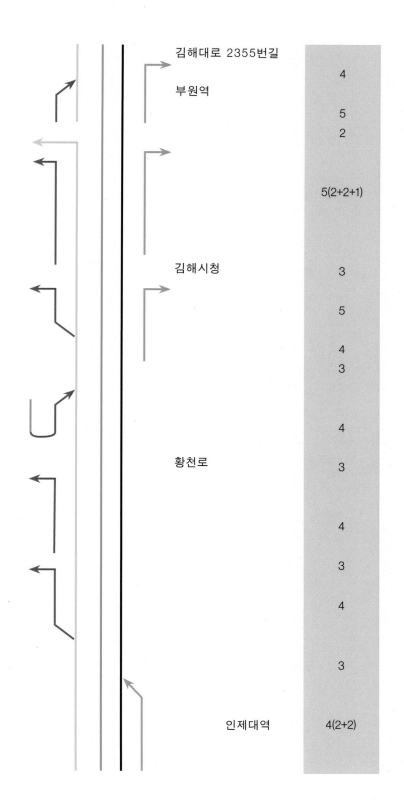

김해대로 2355번길

부원역

김해시청

황천로

인제대역

4

5
2

5(2+2+1)

3

5

4
3

4

3

4

3

4

3

4(2+2)

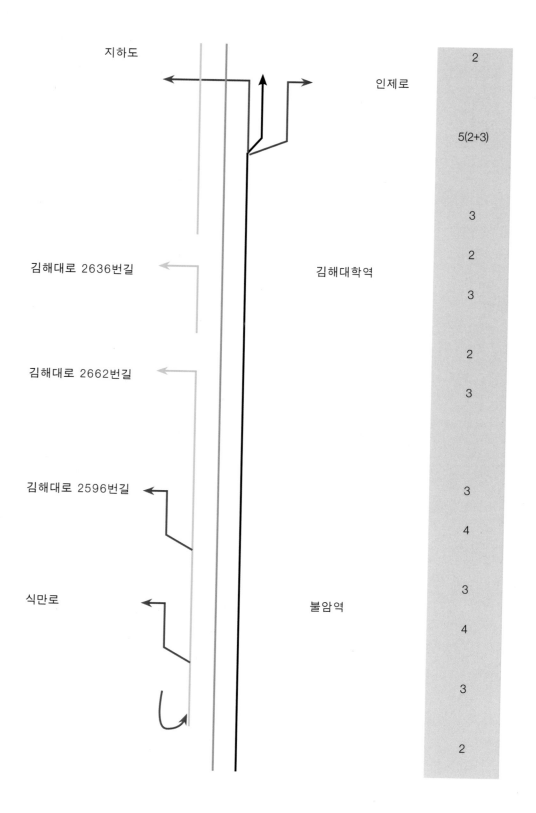

지하도

인제로

김해대로 2636번길

김해대학역

김해대로 2662번길

김해대로 2596번길

식만로

불암역

2

5(2+3)

3

2

3

2

3

3

4

3

4

3

2

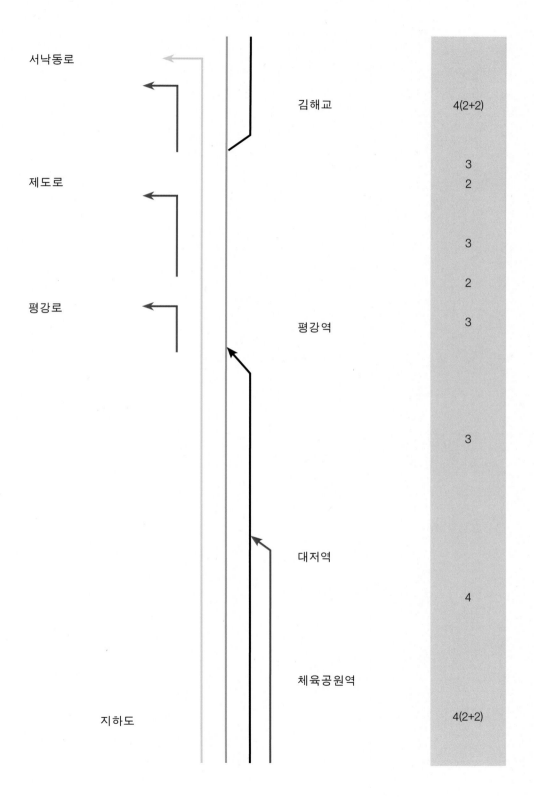

서낙동로

김해교

4(2+2)

제도로

3
2

3

2

평강로

평강역

3

3

대저역

4

체육공원역

지하도

4(2+2)

이런데서 사고 나면
누구 책임?
정부에서
보상받자

02

중학생도 이 정도로는 안 만들걸?
행주대교 남단 행주나들목

『도로설계편람』(2012년판)에 도로 이용자와 관련 있는 설계 개념으로 '기본 차로 수', '차로의 균형', '엇갈림(Weaving)' 3가지가 실려 있습니다. 설계기준에 이런 개념들이 실려 있으면 실제 도로에 적용이 되어야 정상인 사회겠지요. 그런데 현실은 그렇지 않아 보입니다. 아니면, 어디엔가 꼭꼭 숨겨 놓아 비전문가의 눈엔 보이지 않을 수도 있겠습니다.

서울 김포공항 근처의 행주나들목부터 행주대교 남단 구간(개화동로)을 예로 들어보겠습니다. 빨간색으로 칠한 부분입니다.

김포공항 쪽에서 행주대교로 진행하다 보면 '차로(Lane) 수(개수)'가 왔다갔다함을 보게 됩니다.

몇 개의 차로를 유지할 것인가, 즉 '기본 차로 수'는 도로를 설계할 때 가장 기본적으로 검토하는 내용일 것입니다. 차로 수를 왜 일정하게 유지해야 하는지는 전문가가 아니더라도 조금만 생각해 봐도 알 수 있지요. 만약 4개 차로의 도로가 갑자기 2개 차로로 줄어든다면 어떨까요? 병목현상이 당연히 일어나겠지요. 이 정도는 중학생 수준만 되어도 이해할 겁니다. 그리고 이런 설계는 당연히 하지 말아야 하겠지요.

그런데 이런 현상이 행주대교 남단 구간에 실제로 벌어지고 있습니다.

다음 사진에 빨간색으로 차로 개수를 적어 보았습니다.

아래(남서쪽)에서 위(북동쪽)로 진행하면서 보면, 3개 차로로 쭉 진행되다가 1개 차로가 늘어 4개의 차로로 됩니다. 그리고 거기서 조금 더 진행하면 갑자기 2개 차로로 줄어듭니다. 그러곤 1개 차로가 합류해 3개 차로로 행주대교에 진입합니다.

출처 네이버 지도 ☁ NAVER

김포공항 쪽에서 행주대교 인근에 다다르면 이런 표지판이 있습니다. 1, 2, 3차로가
행주대교 방향임을 알려주고 있습니다.

120m 정도 더 진행하면 똑같은 내용의 표지판이 하나 더 나타납니다. 전방에 어떠
한 '비정상' 상황이 있는지 아무런 언급이 없는 '정상' 표지판입니다.

이 표지판을 지나 조금 진행하면 길바닥에 이렇게 그려져 있습니다.

세 번째 차로에 무슨 일이 있는지 좌회전 표시가 나타납니다. 150m 전방에 있던 오
버헤드식 표지판에서는 아무런 언급이 없었는데 갑자기 이렇게 됩니다.

곧, 직진금지라는 표시가 나옵니다.

오른쪽에서 한 차로가 합류됩니다. 이것 때문에 세 번째 차로가 직진금지인 걸까요? 좀 이해하기 어렵습니다.

이제, 4개 차로로 넓어졌습니다.

그런데 조금 더 진행하면, 3차로 길바닥에 직진금지 표시가 또 나타나고 4차로는 거의 사라져 버립니다.

결국 2개 차로로 되어 버립니다. 짧은 거리에 4개 차로에서 2개 차로로 바뀌어 버립니다.

사라지는 차로 전방에는 교통봉 여러 개가 박혀 있고 노란색 사선이 그어져 있습니다. 여기로 주행하지 말라는 의미겠지요.

해당 구간의 거리를 재어 보니 100m 정도밖에 되지 않습니다.

앞의 네이버 사진에는 2개 차로로 줄어드는 구간에 교통봉이 박혀 있는데, 지난 8월 해당 구간을 지날 때는 아무것도 없었습니다.

3, 4차로가 없어진다고 길바닥에만 그려져 있기에 비 오는 날처럼 노면 표시가 보이지 않는 경우, 앞 사진의 흰색 SUV 차량처럼 그냥 직진하는 경우가 발생합니다.

그런데 그 지점을 조금 지나면, 올림픽대로에서 합류해서 올라오는 차량과 '충돌코스'에 진입하게 됩니다.

위 SUV 운전자는 문제의 '충돌코스'를 지난 후 식은땀을 흘렸을 가능성이 높습니다. 자신이 어떤 상황에 놓였었는지 인지했다면 말입니다.

행주대교 남단인 이 도로(개화동로)의 '기본 차로 수'는 어떻게 될까요? '3'인 것으로 보여지는데 행주대교 진입 조금 전에 2차로로 줄어듭니다. 이럴 때는 기본 차로 수를 '2'라고 해야 하는 것 아닐까요?

그리고 이 도로에는 도로 합류 부분이 있는데 이 합류 구간에 '차로의 균형' 개념을 준수하고 있는 걸까요?

다음은 『Geometric Design Guide for Canadian Roads』에 나오는 '차로의 균형' 예시이며, 도로가 합쳐지는 경우의 차로 수 공식을 녹색으로 표시해 두었습니다.

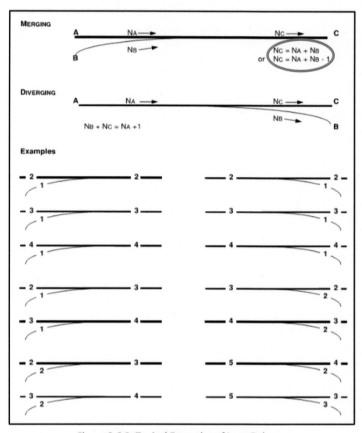

Figure 3.6.2: Typical Examples of Lane Balance

　한국 『도로설계편람』(2012년판)에는 합류하는 경우의 '차로의 균형' 공식이 나오지 않고 문구로 설명되어 있습니다. 합류 후의 차로 수는 합류 전의 차로 수 합보다 한 개 적을 수 있다고 합니다. 캐나다 기준과 동일하군요.

　이 내용을 이 구간에 대입해 보면 3+1-1=3. 합류 후는 3개 차로여야 하지만 2개 차로로 되어 있습니다. 어이가 없습니다. 더군다나 100m도 안 되는 거리에서 4차로가 2차로로 줄어드는데 상식적으로만 봐도 이 구간은 너무 위험합니다.

　관할 기관에서는 이걸 인지한 상태에서 설계했고 시공했고 관리해 오고 있는 것일까요?

해당 구간이 도로설계 개념 5가지에 적합한지 표로 만들어 보았습니다.

도로설계 개념	한국 도로설계편람 기준	캐나다 기준
기본 차로 수	3이라고 할 듯	2일 듯
차로의 균형	불합격	불합격
엇갈림	대상 아님	대상 아님
차로 유지 일관성(Lane Continuity)	기준 없음	불합격
목적지 유지 일관성(Route Continuity)	기준 없음	불합격 또는 대상 아님

여기서 사고가 난다면 과연 운전자의 부주의 탓일까요? 도로를 이렇게 만들어 놓은 곳의 책임은 어떻게 되지요? 당연히 도로 담당 관공서에서 책임을 져야 할 것입니다.

사고뿐만이 아니라, 잘못 만들어진 도로구조로 인해 섬찟함을 느꼈던 모든 운전자에 대해서도 관공서는 책임을 져야 하겠지요.

도로이용 네트워크(www.srek.or.kr)

03

대저분기점 진출입로,
과연 누가 설계하고 누가 승인했을까?

한국에는 많은 노선의 고속도로가 있고 그 고속도로로 들어가고 나오는 연결로도 엄청 많습니다. 그중에서 가장 희한하고 위험한 곳으로 어디를 뽑으시겠습니까? 저는 단연코 55번 고속도로(중앙고속도로)의 대저 출구/입구를 꼽겠습니다.

대저 출구/입구는 부산 강서구에 위치하고 있습니다. 55번 고속도로(중앙고속도로)가 10번 고속도로(남해고속도로)와 만나는 대저분기점(JC)의 바로 남쪽입니다.

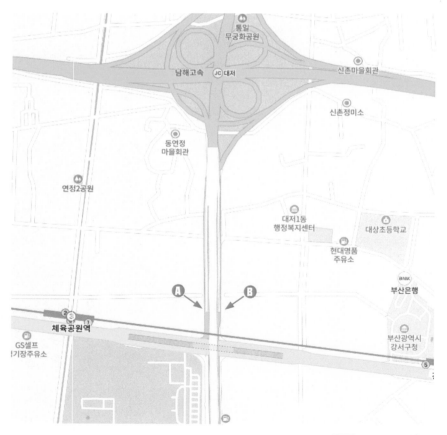

출처 네이버 지도 **NAVER**

대저분기점에서 중앙고속도로를 빠져나와 김해국제공항/구포 쪽으로 진행하거나(위 그림의 A), 반대로 김해공항을 출발해 중앙고속도로를 탈 경우(위 그림의 B) 초행길이라면 아주, 매우, 정말 조심해야 합니다.

고속도로를 빠져나오는 A 구간을 보겠습니다.
고가도로 형식의 고속도로를 빠져나오면 내리막길이 됩니다.

2개 차로로 내려오다가 지상레벨에 거의 다다라 길이 갈라집니다. 11시 방향=김해국제공항·구포 방향, 직진=김해시 방향입니다. 물론 아무런 안내표지판이 없습니다.

11시 방향으로 2개 차로가 급하게 좌로 꺾입니다. 앞 사진의 녹색선입니다. 그러곤 곧 빨간색 동선의 차로와 '겹쳐' 버립니다.

만약 녹색선 첫 번째(왼쪽) 차로에 있었다면, 잠시 후 빨간색 동선의 직진 차량과 '충돌코스'에 있게 되는 거지요. 빨간색 동선으로 교통량이 많지 않아 다행이지만, 혹시 그쪽에 차량이 있었다면 식은땀이 쫘악 흐를 겁니다.

해당 구간을 그려 보았습니다.

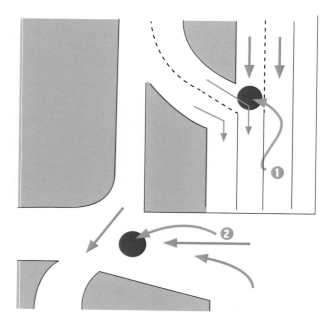

그림에서 1로 표시한 부분이 그 '충돌코스'입니다.

노면에 '합류주의'라고 써 있는 것 이외에 '충돌코스' 직전에도 적절한 안내표지가 없습니다. 운전자에게 필수적인 전방 정보를 왜 알려주지 않는지는 모르겠습니다.

그림에서 2로 표시한 구간에서는 차량이 엉키는 광경을 자주 보게 됩니다. 고속도로를 내려와 직진한 차량이 우회전해서 김해시로 가거나, 아니면 지점 2에서 U턴을 하는데 여기서 교통정체 현상이 자주 벌어집니다.

고속도로로 진입하는 B 구간을 보겠습니다.

　고속도로(사진의 고가도로)로 진입하려면 사진에서 빨간색 동선으로, 즉 '두 교각 사이'의 통로인 1시 방향으로 진행해야 하는데 노면에 분홍색으로 칠해진 유도선 이외에 아무런 안내가 없습니다.

　아, 하나가 있긴 한데 그건 블랙박스 영상을 보고 알았습니다. 사진 우측상단의 빨간색 동그라미 부분에 '고속도로 입구'라고 자동차 번호판 크기만 한 표지가 있습니다.

　고속도로 진입임을 이렇게 조그맣게 적극적으로 알려주니 운전자들은 아주 쉽고 편하게 고속도로로 진입할 수 있을 듯합니다. 정말 대단합니다.

　(사진은 대저교차로로, 파란색 직진은 만덕 방향, 보라색 좌회전은 김해시 방향입니다.)

　조금 더 진행하면, 두 교각 사이의 통로로 진입하다가 교차로 강서구청 쪽(우측)에서 나오는 차량과 엇갈림(Weaving)을 겪게 되고, 곧 진입금지 표지(빨간색 표시)를 보게 됩니다. 당혹의 연속이지요.

이 진입금지 표지는 무슨 용도인지 알 수 없습니다. 하지만, 가뜩이나 헷갈리는 운전자를 더 헷갈리게 만들고 있습니다. 차라리 여기다 진입경로를 안내해야 할 텐데요.

'두 교각 사이의 통로' 이전 모습입니다. 그러니까 대저교차로 진입 이전 단계지요.

고가도로 교각이 여러 개가 있는데 이런 데다 지정차로 표지 등으로 전방 상황을 '미리' 알려줄 수 있으련만, 한국 도로의 특징이 여기서도 그대로 나타납니다. 안내에 너무나도 인색합니다.

고속도로 구간(그러니까 고가도로)의 대저분기점(JC)은 엇갈림(Weaving)으로도 악명이 높습니다.

위 사진을 위에서 아래(북에서 남으로)로 설명하면,

· 2개 차로의 중앙고속도로에 '남해고속도로 서쪽 방향'에서 1개 차로가 합류되어 3개 차로가 됩니다.

· 그러다가 '남해고속도로 동쪽 방향'에서 다시 1개 차로가 합류되어 4개 차로가 됩니다.

· 4개 차로가 잠깐 유지되다가

· 김해공항 쪽으로 2개 차로가 분리되고, 고속도로는 다시 2개 차로로 계속됩니다.

4개 차로 구간에 이런 표지판이 있습니다.

틀림없이 오른쪽 2개 차로가 공항/구포행인데, '그냥 오른쪽으로 빠진다'라고만 표시되어 있습니다. 백양터널로 갈 초행길 운전자가 3차로에 있었다면 잠시 후 당황하게 되겠지요. 여기서도 안내가 적절하지 않습니다.

최악의 경우는, 남해고속도로 동쪽 방향에서 합류한 운전자가 백양터널 쪽으로 가는 경우인데 4차로에서 2차로로 두 개 차로를 건너뛰어야 합니다. 이 구간의 엇갈림 길이를 재어 보니 150m 정도 되는 듯합니다.

출처 구글 어스

교통량이 꽤나 많고 고속으로 움직이는 고속도로에 이런 위험한 구간이 존재합니다.

어떻게 해서 이런 해괴망측한 구조로 설계되었고 만들어졌을까요? 한국의 『도로설계편람』과 캐나다의 『Geometric Design Guide for Canadian Roads』에서 언급하고 있는 차로(Lane) 설계 개념 중, 이 구간에 충족되는 게 무엇일까요? 설계 개념 같은 전문가 영역을 언급하지 않고 상식적인 수준으로만 생각하더라도 여기는 정말 말이 안 되지요.

대저교차로를 처음 경험했을 때가 10년 전이었답니다. 얼마나 놀랐던지…. 10년이란 세월이 흘렀는데 개선된 게 있던가요? 노면에 분홍색 안내선이 칠해진 것도 개선이라고 봐야 하겠지요?

다음 사진에서 보듯 고가도로 보수용 레일이 얼마나 중요하기에, 레일로 교통 안내 표지판을 가리기까지 했습니다. 가뜩이나 안내 정보가 아쉬운 구간임에도, 있는 표지판까지 가려버리는 자상함…. 비행을 배울 때 추측항법(Dead reckoning) 훈련을 하듯, 추측운전을 훈련하라는 구간일지도 모르겠네요.

도로를 이런 식으로 만들어 놓은 주체는 누구일까?

그 주체는 전문 지식이나 일반 상식을 갖추고 있었을까?

어떻게 이런 상태로 방치해 놓고 있는 것일까?

문제 인식을 못하고 있는 것일까?

꽤나 많은 사고가 났었을 듯한데 그때의 담당기관은 책임을 졌을까?

많은 생각을 하게 만드는 곳입니다.

유튜브 파파킴스 채널에 대저교차로에 대한 영상이 실려 있습니다. 하도 희한한 곳이라 만들다 보니 3개가 되었습니다.

도로이용 네트워크(www.srek.or.kr)

04

하드랜딩하는 꿀렁꿀렁 도로,
편히 갈 수 없나?

한국 도로의 특징 중 하나는 '평탄하지 않은 구간이 아주 많다'라는 것입니다. 꿀렁꿀렁, 쿵쾅쿵쾅, 덜컹덜컹…. 뭐가 제일 적절한 표현인지 모르겠군요.

옛날에는 과적 화물차 때문에 도로 표면이 고랑처럼 변해 문제를 일으켰었지요. 아스팔트 도로에 많았었습니다. 일본 자료를 보니 이걸 러팅(Rutting)이라고 부르는군요. 좀 생소한 용어입니다.

또는 표면이 갈라져서 문제가 되기도 합니다. 이건 익숙한 용어, 크래킹(Cracking)이라고 하는군요.

요즘 한국에서는 교량 부분을 지날 때 가장 요란한데, 곳에 따라 꽝꽝거리기도 합니다. 도로와 교량이 접하는 시작점, 연결 부분, 끝 부분에서 심하고, 교량과 관계없는 그냥 땅 위의 도로이면서도 평탄하지 않은 구간이 상당합니다.

하드랜딩(Hard Landing)이란 단어는 일반인 사이에도 널리 쓰이는 항공 용어입니다. 저 같은 비행기 조종사는 하드랜딩이 발생하지 않도록 매 비행마다 신경을 씁니다.

항공기는 착륙할 때 활주로 표면과 몇 도의 각도를 이루며 강하하다가 접지(Touchdown)합니다. 다음 그림의 빨간색 실선처럼 사선으로 움직이는 거지요.

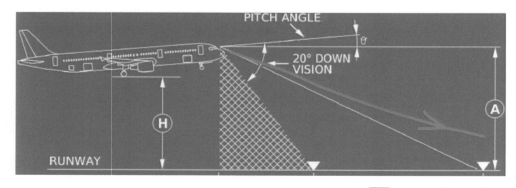

출처 Airbus A320/A321 FCOM

하드랜딩은 어떠한 원인으로 인해 강하율이 너무 높을 경우 발생하는데, 항공기는 강하하는 물체이니 근본적으로 하드랜딩의 가능성이 항상 존재한다고 할 수 있을 겁니다.

참고로 항공사마다 하드랜딩의 정의는 다른데 착륙 시의 G 수치에 따라 구분됩니다(G=중력가속도). 아주아주 부드럽게 내리면 1.1~1.2G 정도 되고 착륙거리가 길어지는 단점이 있습니다. 그런저런 이유로 저는 '쿵'하며 접지하는 펌랜딩(Firm Landing)을 선호합니다. G로 따지면 1.3~1.5G 정도 되겠네요.

자동차는 항공기와 다르게 도로와 평행하게 움직이는 물체인데, 놀랍게도 한국 도로에서는 항공기의 하드랜딩처럼 높은 G가 나오기도 합니다.

어느 날, 104번 고속도로(남해고속도로 제2지선)를 달리고 있었는데 순간적으로 차가 붕 뜨는 느낌이 들더니 '꽝' 하고 '착륙'하여 엄청 놀랐습니다. 비행기로 치면 1.5~1.6G 정도 나오지 않았을까 싶었습니다. 물론 주관적 느낌이지요. 함께 동승했던 아내와 한국도로공사를 엄청 씹었습니다. 유료도로인데 어떻게 이렇게 관리하느냐고….

엉망진창인 나라의 예로 저는 캄보디아를 종종 얘기합니다. 후진국인 데다 장기 집권에 따른 피로도가 무척이나 높은 나라지요. 그 캄보디아의 수도 프놈펜과 항구도시 시하누크빌을 연결하는 4번 국도는 캄보디아인들이 어떻게 운전하며 다니는지 볼 수 있는 전형적인 도로입니다. 차선이 그어져 있었는지 잘 기억이 나지 않지만, 정말 대단하게들 운전하고 다닙니다.

프놈펜에 살 때, 그 4번 도로를 아무런 생각도 없이 2000년형 기아 비스토를 몰고 시하누크빌까지 갔다 왔더니 주위 캄보디아인들이 엄청 놀라더군요. 그런데 신기하게도 그 도로에는 하드랜딩하는 구간은 없었습니다. 바퀴자국 고랑인 러팅(Rutting)도 본 기억이 없습니다. 관리부실로 가장자리에 금이 가고 깨지고 그렇더군요. 싱가폴 기업에서 건설하여 유료도로로 운영하다가 무료화되었다는 말을 듣긴 했는데 사실인지는 모르겠습니다.

캐나다에서는 겨울이 지나고 봄이 되면 얼었던 도로가 녹으며 표면이 갈라지는 곳이 생깁니다. 위에서 언급했던 크래킹 현상이지요. 매년 발생하는 것은 아니지만 따뜻한 여름부터 보수해 다시 평탄한 표면이 됩니다. 온타리오주의 고속도로는 한 곳(407)을 제외하고는 모두 무료입니다. 교량도 참 많지요.

그런데 제 차(현대 싼타페)에 장착된 블랙박스가 도로 충격을 받고 이벤트 녹화하는 현상을 거의 보지 못했습니다. 거기에 반해 한국에서는 (조금 과장해서) 계속 띠띵— 띠띵—거리며 이벤트 녹화됨을 알려줍니다. 작고 서스펜션이 딱딱한 차량이라 그럴 수도 있겠다고 생각했었지만 더 큰 덩치의 부드러운 서스펜션 신형 차량을 타도 마찬가지더군요. 이벤트 횟수가 줄 뿐이지, 꿀렁거림은 계속 있었습니다.

한국 도로가 얼마나 꿀렁거리는 건지 자료를 찾아보았습니다. 그러다 편평도 지수 (International Roughness Index, IRI)를 알게 되었습니다. 평탄도를 나타내는 방법은 여러 가지가 있는데 IRI가 가장 널리 쓰인다고 합니다.

IRI는 세계은행(World Bank)에서 개발한 도로의 편평도 평가 개념으로 그 기준치는 다음과 같습니다(캐나다 토론토 라이어슨(Ryerson) 대학의 논문자료 기준).

· 1.5 미만: Good
· 1.5~1.9: Fair
· 1.9 초과: Poor

Good, Fair, Poor는 쉬운 단어이긴 한데 한국어로는 뭐라고 옮기는 게 적절한지 고민스러워 그냥 적었습니다.

IRI의 정의는,
- 완전 평면에서 0
- 자갈길에서 10 이라고 합니다.

캐나다 온타리오주의 경우 대부분 도로의 IRI가 공개되어 있습니다. 다음은 401 고속도로의 수치로 거의 대부분 구간에서 1이 되지 않고 있습니다.

A							B			C	
401	E	47750	13.68	572.058	574.198	93.6	9.38	0.6	AC	1.96KM EAST OF DRUMBO ROAD	4.1KM EAS
401	W	47750	13.68	572.058	574.198	89.8	8.98	0.64	AC	4.1KM EAST OF DRUMBO RD IC 250	1.96KM EA
401	E	47750	15.82	574.198	585.178	88.2	8.78	0.61	AC	3.15KM EAST OF HWY 2 IC 238	1.96KM EA
401	W	47750	15.82	574.198	585.178	85.2	8.45	0.58	AC	1.96KM EAST OF DRUMBO ROAD	3.15KM EA
401	E	47760	9.02	585.178	587.228	73.7	7.32	0.79	AC	1.1KM EAST HWY 2 IC 238	3.15KM EA
401	W	47760	9.02	585.178	587.228	78.8	7.73	0.56	AC	3.15KM EAST OF HWY 2 IC 238	1.1KM EAS
401	E	47760	11.07	587.228	594.258	86.5	8.84	0.91	AC	HWY 59 IC 232	1.1KM EAS
401	W	47760	11.07	587.228	594.258	87.6	8.92	0.87	AC	1.1KM EAST HWY 2 IC 238	HWY 59 IC
401	E	47780	0	594.258	597.348	82.7	8.29	0.75	AC	1.0 KM WEST OF SWEABURG RD. IC 230	HWY 59 IC
401	W	47780	0	594.258	597.348	88.3	8.9	0.74	AC	HWY 59 IC 232	1.0 KM WE
401	E	47784	1	597.348	608.398	77.7	7.78	0.81	AC	0.8 KM WEST OF HWY. 19 IC 218	1.0 KM WE
401	W	47784	1	597.348	608.398	87.5	8.81	0.75	AC	1.0 KM WEST OF SWEABURG RD. IC230	0.8 KM WE
401	E	47790	0.8	608.398	618.398	89.9	9.14	0.82	AC	0.8 KM WEST OF PUTNAM RD. IC 208	0.8 KM WE
401	W	47790	0.8	608.398	618.398	91.7	9.24	0.7	AC	0.8 KM WEST OF HWY. 19 IC 218	0.8 KM WE
401	E	47796	0.8	618.398	627.728	80.9	8.29	0.99	AC	0.9 KM WEST OF DORCHESTER ROAD WEST	0.8 KM WE
401	W	47796	0.8	618.398	627.728	80.7	8.18	0.89	AC	0.8 KM WEST OF PUTNAM RD. IC 208	0.9 KM WE
401	E	47805	0.9	627.728	635.718	93	9.36	0.66	AC	1.2 KM EAST OF HIGHBURY AVENUE	0.9 KM WE
401	W	47805	0.9	627.728	635.718	90.1	9.08	0.72	AC	0.9 KM WEST OF DORCHESTER ROAD WEST	1.2 KM EA
401	E	47815	3.27	635.718	638.678	71	7.2	1.01	AC	1.45KM EAST OF WILLINGTON RD IC 186	1.2 KM EA
401	W	47815	3.27	635.718	638.678	79.4	8.06	0.93	AC	1.2 KM EAST OF HIGHBURY AVENUE	1.45KM EA
401	E	47820	1.76	638.678	643.458	87.8	8.85	0.75	AC	645M WEST OF HIGHWAY 402 UNDERPASS	1.45KM EA
401	W	47820	1.76	638.678	643.458	88.2	8.96	0.83	AC	1.45KM WEST OF WELLINGTON RD 1C 186	645M WES
401	E	47826	0.65	643.458	649.338	77.1	8.21	1.41	AC	HIGHWAY 4 EASTBOUND	645M WES
401	W	47826	0.65	643.458	649.338	79.6	8.29	1.17	AC	645M WEST OF HIGHWAY 402 UNDERPASS	HIGHWAY
401	E	47830	0	649.338	661.898	71.8	7.42	1.17	AC	UNION ROAD IC 164	HIGHWAY
401	W	47830	0	649.338	661.898	68.8	7.03	1.1	AC	HIGHWAY 4 EASTBOUND	UNION RO
401	E	47840	0	661.898	678.128	77.9	7.94	0.98	AC	0.7 KM W OF CURRIE RD IC 149	UNION RO
401	W	47840	0	661.898	678.128	77.9	7.93	0.98	AC	UNION ROAD IC 164	0.7 KM W
401	E	47850	0.7	678.128	694.228	86.3	8.91	1.02	AC	2.5 KM E OF FURNIVAL RD	0.7 KM W
401	W	47850	0.7	678.128	694.228	84.2	8.98	1.39	AC	0.7 KM W OF CURRIE RD IC 149	2.5 KM E O
401	E	47860	5.58	694.228	711.438	83.7	8.78	1.21	AC	1.8 KM W OF ORFORD RD IC 117	2.5 KM E O
401	W	47860	5.58	694.228	711.438	84.4	9.09	1.49	AC	2.5 KM E OF FURNIVAL RD	1.8 KM W
401	E	47880	1.8	711.438	724.858	77.7	8.04	1.13	AC	KENT BRIDGE RD IC 101	1.8 KM W
401	W	47880	1.8	711.438	717.458	88.1	9.44	1.42	AC	1.8 KM W OF ORFORD RD IC 117	0.1 KM E O

- A: 도로명
- B: IRI 측정수치
- C: 측정 구간

한국은 어떨까요?

찾을 수 있는 관련 자료가 별로 없었는데 '고속도로 노면의 평탄성 평가기술'이란 자료에 이런 내용이 있습니다.

고속도로에서 IRI의 특성

○ IRI의 전국조사 결과
- 고속도로의 20노선에 대한 IRI 평균치와 표준편차를 보면, 평균치 1.75인데, 도로 사용연수가 10년 미만의 IRI는 1.5정도이나, 30년 이상 도로는 2.0정도로서 경년에 따라 증가 경향이 있다.
- 표준편차도 10년 미만 도로는 0.5㎜/m미만이었으나, 경년에 따라 증가하여 30년 이상 도로는 모두 0.5를 초과하고 있다.

> ○ IRI 경년 변화량의 추정
> - IRI가 도로 사용연수에 따라 증가 경향이므로, 보수 후의 표층 경년
>   수를 설명 변수로 하고 IRI 평균치를 목적 변수로 하여 회귀 분석에
>   의해 추정 식을 얻었다.

유료도로인 고속도로의 평균치가 1.75이니 캐나다 논문 기준에 의하면 Fair이고 오래된 도로는 Poor이군요. 물론 기준치가 같을 경우에 한합니다.

위 한국 자료의 IRI 측정 방식도 흥미로웠습니다.

> ○ 시험개소는 고속도로 4구간의 각각 연장 20㎞를 대상으로 하고, 사전
>   조사에 따라 승차감이 좋고 나쁜 곳이 적당하게 분포되어 있는 곳으
>   로 선정했다.
>
> ○ 승차감 평가방법은 일반 승용차(1,500cc)의 조수석에 실험자가 탑승
>   해서 각 측정구간을 시속 80㎞로 주행하고 200m마다 5단계 평가를
>   하며, 20대~50대의 남녀 각각 2명으로 합계 16명이 참가했다.
>
> ○ 시험에서 얻은 데이터를 분석한 결과, 승차감은 평탄성(IRI)에 상관관
>   계가 있어서, 최소 제곱법에 의한 해석에서 상관계수는 0.82를 얻었
>   던바, 이상적 노면에선 IRI가 0일 때 승차감은 가장 양호한 5이고
>   IRI가 증가함과 함께 승차감이 나빠져서 1에 근접하는데, IRI와 승차
>   감 평가관계를 지수함수로 하여 곡선을 얻고 있다.
>
> ○ 승차감 평가에 대한 IRI 범위를 구한 결과, IRI가 1.3이하이면 승차감
>   이 좋고 2.6을 넘으면 나쁜 것으로 평가하는 경향이었다.

남녀 16명이 일반 승용차에 탑승하고 개인의 느낌을 기록했다고 합니다. 항공기가 착륙한 후 어느 정도 G였는지 승객들에게 물어보는 것과 유사하다고 여겨지는군요. 참 신기합니다.

참고로, 요즘 비행기에는 G 측정 장비가 장착되어 있고 원할 경우 조종실에서 프린트해 볼 수 있습니다. 데이터 링크이기 때문에, 항공사의 관리시스템에 데이터가 자동 전달됩니다.

캐나다와 일본의 경우를 보니 도로표면 검사차량이 있던데…. 한국에는 이런 차량이 있는지 없는지 모르겠습니다. 검색되지 않았고(또는 못 찾았거나), 사람이 일반 자동차에 탑승하여 느낌으로 측정하는 걸 보면 검사차량이 없는 것 같아 보입니다. 앞 자료의 발간년도는 빠져 있습니다.

캐나다 온타리오주 정부 도로국(MOT)의 자료에는 ARAN이란 측정장비 차량(노란색)과 방식이 소개되어 있습니다. 이 ARAN 차량은 시속 100km로 달리면서도 측정이 가능하다고 합니다.

Chapter 5:
EVALUATION AND PAVEMENT MANAGEMENT

다음은 일본의 포장도로관리 자료에 나오는 내용입니다.

2. Pavement Monitoring - Road Surface Measuring Device -

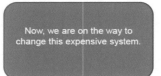

Now, we are on the way to change this expensive system.

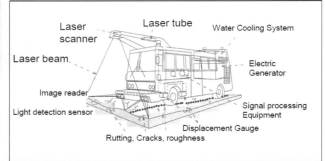

Road Conference 2017 International Symposium

일본에서 운전하고 다닐 때 보니 오래된 도로의 교량 구간에서 (요란하진 않지만) 쿵, 쿵 하더군요. 하지만 땅 위에선 아주 고요했었습니다.

왜 한국 도로가 심하게 꿀렁거리는지 토목건설 비전문가인 저는 모릅니다. 교량 진입구간 끝부분은 땅과 교량의 높이를 맞추기가 너무나 고난이도라서인지, 아니면 세월에 따른 침하로 그럴 수 있다 쳐도 땅 위 도로 자체의 꿀렁거림은 왜일까요?

캐나다에서 도로 만드는 과정을 보면 한국과 많이 다름을 알 수 있습니다. 비전문가가 봐도 아 그렇구나라고 느껴지더군요.

혹은 이런 이유 때문일 수도 있겠지요. 요즘엔 모르겠는데, 예전 한국에선 보도블록 교체를 엄청 자주 했었습니다. 새로 깔고 나서 얼마 지나지 않아 꿀렁거리거나 깨지는 구간이 생겼지요.

아랍 에미리트(UAE)에서 지낼 때 숙소 주변에서 하고 있는 보도블록 작업을 지켜봤습니다. 노동자 몇 명이 롤러로 기초 다지기를 며칠씩 하더군요. 그때까지 한국에서 보도블록 까는 작업을 보면 하루도 안 돼서 끝났었는데…

그걸 보며 기초 단계가 달라 발생하는 현상이 아닌가 유추해 봤었습니다. 이런 건 옛날 일이고 요즘의 투명한 사회에선 그런 식으로 공사하지 않겠지요.

　하드랜딩을 포함한 도로 충격에 대해 운전자는 불편함을 느끼고 있고, 차량도 피해를 보고 있는데 여기에 대한 손해배상을 받을 수 있어야 하지 않을까요?

도로이용 네트워크(www.srek.or.kr)

이런데서 사고 나면
누구 책임?
**정부에서
보상받자**

05

엇갈림(Weaving),
스트레스 폭증 구간

한국 입체교차로의 특징 중 하나로 '엇갈림(Weaving)' 구간이 많다는 것을 들 수 있습니다.

엇갈림. 조금 생소한 단어인데 국토해양부(현 국토교통부)가 발간한 『도로설계편람』(2012년판)에서는 이렇게 정의하고 있습니다.

'엇갈림(Weaving)이란 교통통제 시설의 도움 없이 상당히 긴 도로를 따라가면서 동일 방향의 두 교통류가 엇갈리면서 차로를 변경하는 교통 현상을 말한다(3.2.1).'

글보다 다음의 입체교차로 사진을 보면 금방 이해됩니다. 도로로 진입하는 빨간색 동선의 차량과 도로에서 빠져나오는 파란색 동선의 차량이 서로 엇갈려 교차하는 구간을 일컫는 거지요.

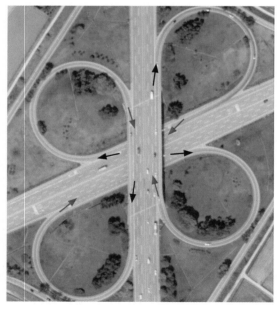

출처 네이버 지도 NAVER

영어로는 Weaving이라고 하는데 옷감을 짠다는 의미이니 어찌 보면 Weaving이 더 적절해 보입니다. 엇갈림이라고 하면 한 번 엇갈리는 느낌이 나지만 옷감 짜는 건 반복되는 느낌이 드니까요.

엇갈림 또는 Weaving이란 용어를 알지 못했을 때에도 입체교차로에서 진입하거나 빠져나갈 때 섬찟했던 기억이 한두 번이 아니었습니다. 특히 비오는 밤. 뒤쪽 차량이 잘 보이지도 않고 거리 측정도 잘 안 되는 상황인데 갑자기 빠-앙 하는 소리…. 한국 운전자라면 한두 번은 들었을 법합니다. 저는 엇갈림, 이 용어를 떠올리면 그 섬찟했던 구간들이 어디였는지 마구 떠오릅니다. 한국에선 아주 흔하지요.

엇갈림 구간은 클로버잎형 입체교차로에서 자주 볼 수 있는데 이렇듯 차량들이 서로 엇갈리기 때문에 운전자 입장에서 보면 부담이 증가하는 비선호 교차로라고 할 수 있을 것입니다.

캐나다에서는 엇갈림 구간을 봤던 기억이, 한군데 경험했던 것 이외에는 거의 없습니다. 미국에서는 아주 가끔 있었네요.

차량이 엇갈리지 않는 방식으로 입체교차로를 만들 수 있을 텐데 이런 '운전자 부담 증가형' 엇갈림 입체교차로를 왜 굳이 건설하는지는 알 수 없습니다. 동선 완전분리형보다 건설비가 낮기 때문이 아닐까라고 유추해 볼 수 있겠지요.

엇갈림 형태는 이런 종류가 있다고 Geometric Design Guide for Canadian Roads에서 설명하고 있습니다.

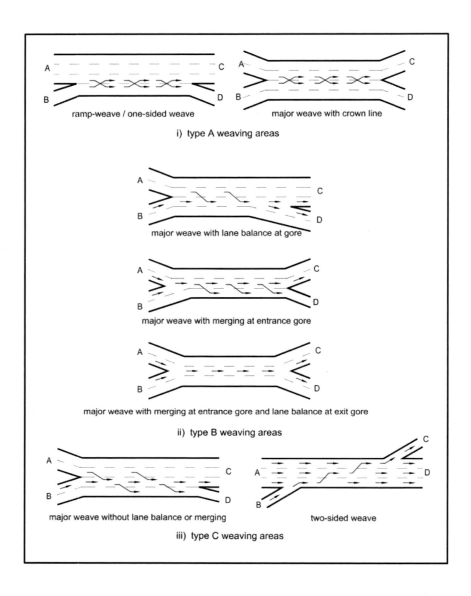

ramp-weave / one-sided weave

major weave with crown line

i) type A weaving areas

major weave with lane balance at gore

major weave with merging at entrance gore

major weave with merging at entrance gore and lane balance at exit gore

ii) type B weaving areas

major weave without lane balance or merging

two-sided weave

iii) type C weaving areas

엇갈림 구간에서 운전자의 부담은 급격하게 증가하게 됩니다. 구체적으로 설명하면,

· 구간에 익숙한 운전자라도 차량의 진행 방향과 속도를 조절해야 하고, 앞·뒤 및 주변 차량들과의 사이 공간을 조절해야 하며,

· 초행길이거나 익숙하지 않은 운전자라면 안내표지판을 읽고 제대로 가고 있는지 확인하는 내비게 이션 역할도 해야 합니다.

이렇듯 엇갈림 구간은 운전자에게 매우 불리한 곳이겠지요.

엇갈림 구간이 아주 길다면 그나마 부담이 줄어들 것입니다. 『도로설계편람』은 이렇게 설명하고 있습니다.

> (2) 엇갈림 구간의 길이
>
> 엇갈림 구간 길이는 <그림 204.4>에서 엇갈림 구간 진입로와 본선이 만나는 지점에서 진출로 시작 부분까지의 거리 즉, 물리적인 고어부 사이의 거리로 한다.
> 엇갈림 구간의 길이는 본선-연결로 엇갈림 구간의 경우 최소 200m를 넘게 하는 것이 통행 안전상 바람직하며, 750m를 넘는 경우 합류와 분류 움직임이 독립적으로 본선 교통류에 영향을 미친다고 볼 수 있다. 이 경우에는 독립된 유출입로로 간주하여 연결로 접속부의 분석 절
>
> **204-10**

『도로설계편람』에서 말하는 '본선-연결로 엇갈림 형태'는 한 페이지 앞에 실려 있으며 이렇습니다.

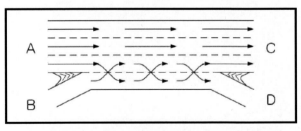

<그림 204.2> 본선 - 연결로 엇갈림 형태

편람에서는 200m를 '넘게' 해야 통행 안전상 안전하다고 말하지만 실제로 도로에서 만나는 엇갈림 구간은 그보다 훨씬 짧게 느껴집니다. 그래서 엇갈림 실제 길이가 얼마나 되는지 재어 보았습니다.

첫 번째: 청주국제공항 앞 17번 국도와 오창대로가 만나는 입체교차로인데 120m이군요.

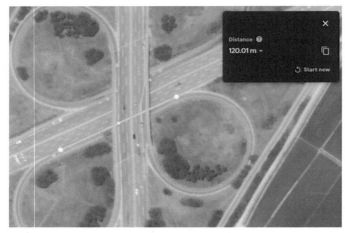

두 번째: 부산 덕천분기점인데 여긴 100m를 겨우 넘는군요. 이 구간을 다녀보면 짧아도 너무 짧다는 느낌이 드는 곳입니다.

그래도 위 두 구간은 한 차로만 엇갈림되는 구조입니다.

세 번째: 여기는 두 개 차로를 변경하는 엇갈림 구조인데 150m 정도 되어 보입니다.

2개 차로의 고속도로(남쪽 방향)에 한 차로가 합류하고 곧이어 또 한 차로가 합류하며 동시에 엇갈림이 발생하는 아주 위험한 구조입니다. 이 구간을 지난 후 주도로(고속도로)는 2개 차로로 계속 유지됩니다.

바로 부산 강서구의 55번 고속도로(중앙고속도로) 대저분기점 남쪽 방향입니다.

10번 고속도로(남해고속도로) 동쪽 방향에서 빠져나와 이 구간에 들어선 후, 백양터널 쪽으로 가고자 하는 운전자는 2개 차로를 건너뛰는 엇갈림을 해야 합니다. 그것도 150m 정도밖에 안 되는데, 교통량도 꽤 많은 곳이지요.

초행길에 이 구간을 운전한다면 식은땀이 줄줄 흐를 확률이 매우 높습니다. 기상이 좋지 않거나 야간이면 더할 것입니다. 물론, 전방에 이런 위험한 엇갈림 구간이 있다는 안내표지는 없습니다.

한국 도로에서 엇갈림 구간을 찾는 건 매우 쉬운 일입니다. 전국 어디에나 산재해 있습니다.

운전자들에게 부담을 팍팍 지우는 엇갈림 구간. 왜 이렇게 많은지 모르겠습니다. 앞에서 언급했듯이 공사비 때문이라고 유추하는 게 가장 합리적이라 여겨집니다.

도로를 설계하면서 가장 중요한 사항, 도로의 이용자에 대해서는 별로 고려하지 않는 듯합니다. 인적 요소(Human Factor)는 항공업계에서 보편적으로 적용되는 주제인데 한국 도로설계에서는 어떤지 궁금합니다.

한국 운전자들, 곳곳에 구조적 함정들이 산재해 있는데 여길 헤치며 다니는 정말 강한 운전자들입니다. 도로의 구조적 문제 때문에 어려움을 당함에도 도로는 당연히 이런 것으로 인식하는 운전자가 많은 것도 신기할 뿐이지요.

언젠가는 엇갈림 구조를 없애는 운동이 벌어지지 않을까 예상됩니다. 교통량이 어느 이상이 되어버린다면 그때까지 운전자에게 모든 책임을 전가할 수는 없기에 그렇습니다.
미국 미네소타주에서 있었던 엇갈림 구조 없애기 프로젝트, unWeave the Weave. 한국에서도 벌어지길 기대합니다.
결국 한국의 도로 이용자들이 요구해야 이루어질 수 있을 거라고 여겨집니다.

도로이용 네트워크(www.srek.or.kr)

06

일시정지와 우선권 개념 없이
어떻게들 다니세요?

한국도로의 특징 중 하나는 '일시정지' 표지판이 없다는 것입니다. 물론 가끔 눈에 띄긴 하지만 전체적으로 보면 없는 거나 마찬가집니다.

아마도 미국, 캐나다, 일본, 유럽 등의 선진국에서 운전했던 사람들이 한국에 와서 운전할 때 가장 불편한 것 중 하나일 겁니다. 거꾸로 말하면, 한국 운전자가 선진국에 가서 운전할 경우 가장 자주 위반하게 될 가능성이 높다는 거겠지요.

한국에선 '일시정지' 개념이 왜 성립되지 않았는지, 아니면 있다가 흐지부지 되었는지 그 이유는 잘 모르겠습니다. 신호등 공화국이란 말도 있을 정도로 신호등만 무지무지 많지요.

한국 운전면허증을 따고 운전을 시작했던 게 1983년이었는데 그 시절에도 일시정지를 했던 기억은 없습니다. 미국에서 본격적으로 경험하기 시작했는데, STOP 표지판에서 완전하게 정지하지 않는다고 현지에 거주하는 동생한테 질타를 받았던 기억이 아직도 생생합니다.

경찰청에서 발간한 『교통안전표지 설치·관리 매뉴얼』에는 이런 내용이 나옵니다.

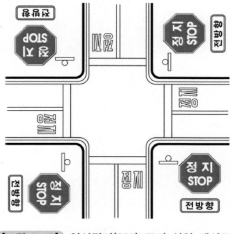
그리고 그 해설에 따르면,

· 교통정리가 행하여지지 아니하고 좌우를 확인할 수 없거나 교통이 빈번한 교차로

· 교통이 빈번하여 사고위험이 있는 장소

· 어린이 통행이 빈번한 지역

· 신호등 없는 횡단보도 앞, 철길건널목, 우선도로와 교차하는 부도로 등

· 일반통행도로의 출구와 교차하는 경우

등에 설치해야 한다고 설명되어 있습니다.

이런 내용이 경찰청 매뉴얼에 실려 있음에도 불구하고 실제 도로에 거의 없는 걸 보면 참 신기합니다. 교통선진국가들에서는 작은 골목길에도 접속구간에는 다 있는데 한국에서는 거의 찾아 볼 수 없으니 더욱 그러합니다.

도로를 담당하는 관공서에서 앞 매뉴얼에서 열거한 곳들에 알맞도록 설치해 놓았으면 운전자는 그 표지판만 따라 운전하면 되니 전방을 쉽게 예측하며 편하게 운전할 수 있겠지요.

한편으로는, 교통표지를 설치해야 하는 기관에서 법규(기준)를 지키지 않고 있다거나 또는 사문화되어 더 이상 필요로 하지 않는다고도 해석할 수 있을 듯합니다.

이런 곳에서 사고가 난다면 도로 담당 관공서의 책임은 어떻게 될까요?

미국, 캐나다, 일본 등에서 일시정지 표지를 그렇게도 많이 설치해 놓은 이유는, 한국 경찰청 매뉴얼에서 열거한 상황에 더하여 합류하는 도로의 운전자들에게 '누가 통행 우선권'을 갖고 있는지 확인시켜 주는 것입니다. 경찰청 매뉴얼에도 그런 내용이 나옵니다.

도로교통법에는 통행 우선에 대해 이렇게 실려 있습니다.

제26조(교통정리가 없는 교차로에서의 양보운전)
① 교통정리를 하고 있지 아니하는 교차로에 들어가려고 하는 차의 운전자는 이미 교차로에 들어가 있는 다른 차가 있을 때에는 그 차에 진로를 양보하여야 한다.
② 교통정리를 하고 있지 아니하는 교차로에 들어가려고 하는 차의 운전자는 그 차가 통행하고 있는 도로의 폭보다 교차하는 도로의 폭이 넓은 경우에는 서행하여야 하며, 폭이 넓은 도로로부터 교차로에 들어가려고 하는 다른 차가 있을 때에는 그 차에 진로를 양보하여야 한다.
③ 교통정리를 하고 있지 아니하는 교차로에 동시에 들어가려고 하는 차의 운전자는 우측도로의 차에 진로를 양보하여야 한다.
④ 교통정리를 하고 있지 아니하는 교차로에서 좌회전하려고 하는 차의 운전자는 그 교차로에서 직진하거나 우회전하려는 다른 차가 있을 때에는 그 차에 진로를 양보하여야 한다.

(전문개정 2011.6.8)

법규가 이렇게 되어 있는데 한국 운전자들은 과연 자신에게 통행 우선권이 있는지 없는지 어떻게 알 수 있을까요? 저 앞에서 다른 도로와 합류하게 된다면 그 도로가 내

도로보다 폭이 넓은지 좁은지 어떻게 알 수 있지요? 비슷한 폭의 도로이거나, 잘 보이지 않거나, 밤이거나 등등 참 난센스입니다. 차를 세우고 걸어가서 확인해 보고 운전을 계속해야 할까요?

교통선진국들에서는 이런 부담을 운전자에게 지우지 않고, 도로가 합류하는 모든 지점에 일시정지(STOP) 표지판을 설치해 두었습니다. 물론 신호등이 없는 경우를 말합니다.

일시정지 표지판이 없는 도로가 우선이고, 표지판이 서 있는 도로의 운전자는 기다려야 합니다. 아래 이미지는 캐나다 온타리오주 OTM의 한 페이지입니다. STOP 표지판으로 주(major)도로와 부(minor)도로를 구분해 주고 있습니다.

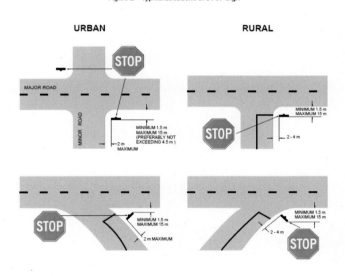

Figure 2 – Typical Locations of STOP Sign

이렇게 하면 누가 우선적으로 통행해야 하는지 저절로 알게 됩니다.

당연히, 운전자는 이 일시정지 표지를 확실히 준수해야 합니다. 바퀴가 일시적으로 완전 정지해야 하지만 실제적으로는 천천히 움직이는 경우도 있습니다. 하지만 일시정지 표지 자체를 지키지 않는다면 조만간 딱지를 떼일 각오를 해야 할 겁니다. 그리고 그러다 사고가 나면 100% 책임을 져야 하겠지요.

캐나다 집 앞의 교차로로 구글 스트리트뷰 모습입니다.

선진국에선 이런 식으로 STOP 표지판이 설치되어 있으니 차량이 조우할 경우 누가 우선권을 갖고 있는지 손쉽게 알 수 있습니다. 또한 운전하면서 표지만 따르면 되니 스트레스가 별로 없습니다. 초행자나 그 동네에 사는 사람이나 별 차이가 없게 됩니다.

일본도 동네의 골목길 합류지점에 일시정지 표지판이 빠지지 않고 설치되어 있는데 모양이 좀 특이합니다.

재밌는 경우를 본 적이 있었답니다. 일본 이온몰(Aeon Mall) 쇼핑센터 화장실 통로였는데, 나오는 통로에 일시정지라고 쓰여 있더군요. 화장실에 들락거리다가 부딪히는 경우가 많았나 봅니다. 한참 웃었네요.

일시정지 노면 표시는 이렇게 생겼더군요. 골목 골목에 다 그려져 있었습니다.

출처 Peacelovetomare, https://commons.wikimedia.org/wiki/File:Tomare,_horizontal.JPG

솔직히 말해 한국인의 운전규칙 준수 정도는 세계에서 바닥권입니다. 유튜브 블랙박스 영상 모음을 보면 신호위반, 규칙 미준수 등 아비규환 그 자체입니다. 캐나다나 미국의 블랙박스 사고 영상에서는 태만이나 졸음 운전이 제일 많지요. 한국의 사고영상과는 확실히 다릅니다.

어느 자료를 보니 한국 교차로에서 교통사고의 43% 정도, 사망자 28% 정도가 발생한다고 합니다. 그중 신호등이 없는 교차로에서의 사고가 반 정도 된다고 하니 엄청나지요.

한국에서 운전하다 보면 도로 합류지점에서 일시정지 없이 불쑥 튀어나오는 운전자를 만나는 건 그냥 일상일 뿐입니다. 한문철TV나 맨인블박 같은 블랙박스 영상 유튜브 채널만 보아도 한국에서 이런 사고는 흔하디 흔합니다.

물론 한국에선 일시정지 표지판이 설치되어 있다 하더라도 도로에 불법 주·정차 차량들 때문에 시야가 확보되지 않는 경우도 허다하니 참 운전하기 힘든 곳임에는 틀림없습니다. 여러 문제가 함께 섞여 더 큰 문제를 만들고 있다고나 할까요?

그럼 해결책은 뭘까요? 정부기관이 앞장서야 되지 않을까요? 도로 합류지점에서의 사고를 완전히 방지할 수는 없다 하더라도 교통선진국 정도로 거의 일어나지 않게 하려면 지금부터라도 추진해 나가야 하지 않을까요? 이렇게 후진적인 체계를 계속 유지한다면 세월이 흐를수록 안전하고 편한 운전은 더 요원해질 건 틀림없으니 말입니다.

법규를 정비하고, 도로에 일시정지 표지판을 설치하며 운전자를 지속적으로 계몽한다면 시간은 걸리겠지만 한국인은 해낼 수 있을 거라고 봅니다. 담당 공무원들은 선진국에 가서 실제 시스템을 배워오고 국내에 전문가를 양성하며 한 군데 한 군데 개선하면 되지 않을까라고 생각합니다.

현재로써는 도로 담당 관공서의 책임을 면하긴 어렵지 않을까요?

도로이용 네트워크(www.srek.or.kr)

07

주객전도 멍텅구리 신호등

한국에서 운전하다 보면 신호등을 아주 자주, 엄청 자주 만나게 됩니다. 신호등의 정식 명칭은 교통신호기인가 보더군요.

신호등은 왜, 언제 생겼을까요? 언제 생겼는지는 모르지만, 세상에 자동차 대수가 늘어나면서 교차로 통행에 문제가 생겼고 그 해결을 고민하다가 만들어진 장치인 건 다들 아는 내용입니다. 차가 몇 대 안 된다면 속도를 줄인 상태로 지나가거나, 좀 더 많아지면 일시정지 표지판을 만들어 정지·확인 후 통행하면 될 테니까요. 그보다 더 많아졌다면 회전교차로를 만들어 이용해도 되겠지요. 그러니까 교차로에 모인 차들의 우선순위를 정해주는 장치이고, 차가 충분히 많을 때 필요하다는 거겠지요.

만약 통과하는 차량이 몇 대 되지 않는 곳에 신호등이 설치되어 있고 작동하고 있다면 어떨까요? 그것도 차가 많건 적건 관계없이 프로그래밍된 시간대로 말이지요. 한참을 멍하니 기다려야 할 것입니다.
이런 경우를 주객전도 또는 멍텅구리라고 이름 지어 보았습니다. 한국에서 운전하다 보면 이런 주객전도·멍텅구리 신호등을 아주 자주 만나게 됩니다.

그러면 교통선진국에선 어떻게 하고 있을까요? 캐나다의 예로 설명하겠습니다.

캐나다에서는 신호등 주객전도 상황이 없습니다. 캐나다의 신호등은 비보호 좌회전이 기본입니다. 좌회전 신호 없이 직진과 정지 신호로만 되어 있는 경우가 대부분입니다.

아래는 온타리오주의 기본 신호등의 모습입니다.

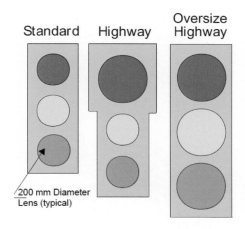

직진 차량이 항상 우선이고, 직진 차량이 없을 때 좌회전하는 방식입니다. 이렇게 되면 신호 주기가 짧아지게 됩니다. 한국처럼 신호등에 '비보호 좌회전'이라고 써 놓지 않았고, 교통량이 많아지면 좌회전 신호가 추가됩니다.

한국의 대표 신호는, 직·좌 신호가 동시에 켜지는 동시신호일 것입니다. 이 동시신호 구간에서, 좌회전 차량이 없어도 그냥 기다려야 하는 게 한국 방식입니다. 신호등의 주객전도 상황이 또 일어나는 거지요.

캐나다에서는, 좌회전 신호가 있는 교차로에서, 좌회전 차로에 정지해 있는 차량이 없다면 좌회전 신호가 켜지지 않습니다. 좌회전 차로에 차량감지센서가 설치되고 이 내용이 제어기에 전달된다고 합니다.

감지방법에는 여러 종류가 있으며, OTM(Ontario Traffic Manual) Book 19에 다음 감지기들에 대해 설명되어 있습니다.

· Inductive Loop
· Magnetometer
· Microwave Radar
· Video Image Processing

· Active Infrared

· Passive Infrared

· Ultrasonic

· Acoustic

· Laser Radar

가장 흔한 루프 감지기는 한국에서도 가끔 보이더군요. 경기도 어느 국도에는 '감응식 신호기'라고 표시된 신호등을 본 적이 있습니다.

Figure 3 – Typical Inductive Loop Arrangement

출처 Ontario Traffic Manual

이 차량감지센서는 작은 교차로에서도 적용됩니다. 캐나다 집 뒷길로 편도 1차로 교차로 모습입니다.

출처 구글 맵

두 도로의 교차로 좌회전 차로에 차량이 정지하면 곧 좌회전 신호등이 켜집니다. 그이외 시간에는 주(major)도로인 동-서 방향에 직진 신호등이 들어와 있습니다. 이렇게하니까 캐나다의 교차로에서는 멍 때리며 신호대기할 경우가 없습니다. 그냥 신호만따르면 되는거지요.

그리고 캐나다의 신호등에 빨간색이 들어와 있다면, 거기엔 반드시, 반드시, 반드시그 이유가 있다는 게 되기도 합니다. 한국에선 멍텅구리 신호등도 흔하고, 어떨 때는고장난 신호등이 아닌가 의심될 경우도 있지요.

무엇보다 최고의 주객전도 상황은 보행자 없는 횡단보도 신호일 겁니다. 그것도 시골길 등에 설치되어 있는 신호등입니다. 아무도 없음에도 '인간들아 내 신호를 지키거라'라며 자기 혼자 켜졌다 꺼졌다를 반복하고 있습니다. 주위에 아무도 없고 텅 비어있을 때는 무시하고 확 가버리고 싶은 욕망이 마구마구 드는 상황, 대부분 공감하실

거라 여겨집니다.

이런 경우 교통선진국들의 횡단보도에는 버튼이 만들어져 있습니다.

출처 http://spacing.ca/toronto/2014/12/10/press-not-press-guide-pedestrian-buttons

보행자가 버튼을 눌러 신호를 작동시키는 거니까 주객전도형 가짜 신호를 만들지 않기 때문에 빨간색 신호가 있는 곳에서는 무조건, 반드시 준수해야 한다는 거겠지요. 한국 시골길을 다니다 보면 주객전도 횡단보도 신호등이 널려 있고, 이를 무시하는 운전자도 자주 보게 됩니다.

버튼 방식을 경기도 어느 도로와 경남 어디, 그리고 다른 몇 군데에서 본 적이 있습니다. 하지만 아직 본격적으로 적용된 것 같지 않고, 버튼 방식이면서도 그냥 시차식으로 돌아가는 멍텅구리 버튼식 신호등을 보기도 했습니다. 버튼식이 멍텅구리 방식으로 돌아가는 걸 보니 참 씁쓸하더군요. 버튼식이어도 버튼 눌림과 관계없이 일정 주기에는 자동으로 작동하게 했을지도 모르지만 개인적인 생각으로는 헛된 돈을 쓴 게 아닌가 싶었습니다.

보행자용 버튼작동 방식은 교차로의 횡단보도 신호등에도 적용됩니다. 사람이 누르면 횡단보도 신호가 켜지고 그렇지 않으면 차량 직진 신호에도 켜지지 않는 거지요.

일본도 이런 방식이 흔하던데 신호등 윗부분에 타이밍 방식인지 버튼 방식인지 구분해서 자기 정체가 표시되어 있었습니다. 이 이미지에는 버튼식이라고 쓰여 있군요.

이 차량용 신호등은 시차식이라고 표시되어 있네요.

한국 신호등을 따르다 보면 사람의 인내력을 시험하려는 장치인가 싶을 경우가 자주 있지요. IT 강국이라고 엄청 자찬하면서도 비효율적인 신호등 체계가 왜 계속 유지되

는지 모르겠습니다. 뭔가 이유가 있겠지요.

신호등 연동제 이런 말로 한국 신호등 시스템이 좋다고 하는 기사를 몇 번 보았는데 여러 나라의 시스템을 접해본 저로서는 한국식이 결코 선진국과 비슷하거나 높은 수준이라고 말하기 어렵습니다. 연동제라고 해서 주객전도 현상이 해결되지 않으니까요. 어떨 때는 그 주기에 맞추기 위해 무리하게 만들기도 합니다.

집에서 운동하러 자주 오가는 곳까지의 거리가 2km 정도로 짧은 구간인데, 그 사이의 신호등도 당연히 연동되어 있더군요. 이동시간의 절반 정도는 신호등 앞에서 멍 때리고 있을 때가 대부분입니다. 다니다 보니 연동 신호등의 주기를 알게 되고, 다음 번 신호등의 주기에 맞추기 위해 속도를 마구 내게 되기도 합니다. 이게 뭐하는 짓인지…. 참 이해하기 어려운 시츄에이션입니다.

아, 이것도 짚고 넘어 가야겠네요. 과도한 신호등 의존. 교통선진국에선 STOP 표지판 말뚝 몇 개 설치해 놓으면 해결될 만한 교차로까지 한국에선 신호등이 설치되어 있지요. 신호등 부자 나라임에 틀림 없습니다.

교통신호는 효율성과 함께 신뢰성이 매우 중요함은 당연합니다. 그런데 한국의 교통신호 체계는 이 두 가지 면에서 낙후되어 있음은 사실일 겁니다.

도로이용 네트워크(www.srek.or.kr)

08

달구지용 표지판,
방향만 알려줘도 감지덕지지

운전 중, 다음의 두 표지판을 마주하게 된다면 어떤 정보를 얻으시겠습니까?

왼쪽 표지판

· 500m 전방의 상황을 알려준다.

· 직진 구간은 14번, 25번 2개의 국도가 겹쳐 있다.

· 갈라지는 도로는 휘어져 있다.

오른쪽 표지판

· 조금 앞의 상황을 알려준다.

· 직진 구간은 국도 25번이다.

· 60번 지방도로로 갈라지며 직선 형태다.

· 삼거리 이름이 표기되어 있다.

위 표지판들이 설치되어 있는 장소를 위성 사진으로 보겠습니다.

덕산리 갈라짐 지점:

편도 3개 차로이던 도로가 둘로 갈라집니다.

직진 구간=왼쪽 2개 차로, 갈라져 나감=오른쪽 1개 (2+1로 표기)

모삼삼거리 지점:

편도 2개 차로인 도로에 우회전 차로가 생기며 김해 방향 도로가 분리됩니다.
직진 구간=2개 차로 모두 그대로 유지

두 표지판의 형식은 동일했는데 도로의 상황은 '명확히' 달랐습니다. 표지판이 방향만을 알려주는 것이라면 두 표지판 모두 합격일 겁니다. 하지만 자동차 운전에 필수인 차로(Lane) 정보까지 포함하여 얘기한다면 왼쪽 표지판은 중대한 결함을 갖고 있다 하겠지요.

다음은 '도로표지 제작·설치 및 관리지침'에 나오는 도로표지 설치 예입니다.

<비도시지역 도로표지 설치 예>

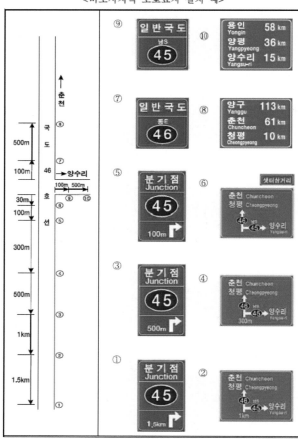

지방도로급 이하용 표지판이며, 방향 안내만 하고 있습니다.

다음 두 그림은 미국 위스칸신(Wisconsin)주의 교통 매뉴얼에 나오는 예시입니다. 위스칸신주라면 덕산리에 이 두 방식 중 하나를 채택했을 듯합니다.

방식 #1: 2E-16 그림은 캐나다나 미국에서 아주 흔히 볼 수 있는 안내 방식으로, 예시된 도로 구조가 덕산리 도로와 똑같습니다. 이 예시는 고속도로입니다.

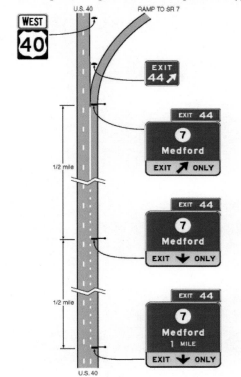

Figure 2E-16. Guide Signs for a Single-Lane Exit to the Right with a Dropped Lane

덧붙임: 위 예시에서, 2차로와 3차로 사이의 점선 모양이 정상 차선과 다르다는 것을 알아차리셨는지요? 그런데 덕산리 도로의 차선은 정상 점선으로 그려져 있습니다. 고속도로가 아니라서 그런 것일까요? 전방에 변동 사항이 있음을 차선 모양으로도 알려줘야 할 텐데…. 미국/캐나다 도로에서는 분기/합류 지점의 점선 형태가 조금씩 다른데, 온타리오주 방식이 제일 인식하기 편했습니다. 미국인들 중에도 온타리오식이 좋다는 의견이 꽤 있더군요.

방식 #2:

위스칸신의 운전자는 차로(Lane) 때문에 헷갈려 하지 않을 듯합니다.

그리고 앞의 두 예시 모두에서 나가는 차로에는 'EXIT ONLY(출구 전용)'라고도 쓰여 있는데 이 또한 매우 중요하다고 생각합니다. 한국의 경우 그런 표시를 하고 있지 않기에 불분명한 곳이 아주 많지요. 이 또한 한국 표지판에 도입되어야 한다고 생각합니다. (33장 참조)

일본에서는 어떤 방식으로 해 놓았을까요? 일본 정부의 매뉴얼(交通規制基準)에는 다음의 예시가 나오며, 맨 왼쪽과 맨 오른쪽 한 차로씩 없애면 덕산리에도 적합해 보입니다. (주의: 일본은 좌/우가 한국과 반대)

② 規制標識と方面・方向表示板を併設する方法

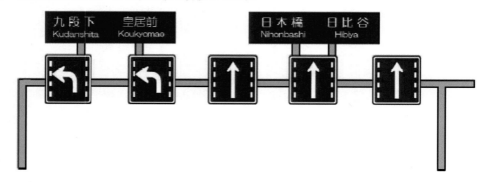

실제 설치 모습으로 일본 1번 국도입니다.

'도로표지 제작·설치 및 관리지침'에 실려 있는 다른 표지판에서도 차로 개념은 들어 있지 않습니다.

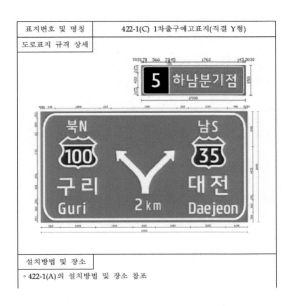

표지번호 및 명칭	422-1(C) 1차출구예고표지(직결 Y형)
도로표지 규격 상세	

5 하남분기점

북N   남S
(100)   Y   (35)
구 리 2 km 대 전
Guri   Daejeon

설치방법 및 장소
◦ 422-1(A)의 설치방법 및 장소 참조

심지어 이 표지판은 고속도로용인데도 차로 개념을 포함하고 있지 않습니다.

얼마 전 451번 고속국도를 남쪽으로 내려오다 12번/45번 고속국도로 갈라지는 곳에서 당황했습니다. 편도 5개 차로인 고속도로를 100km/h로 달리며 몇 차로를 타야 할지 고민해야 하니 말입니다. 교통선진국에서는 상상할 수 없는 황당한 시츄에이션이 또 벌어졌습니다.

초행길이거나 익숙하지 않은 도로라면 한국 운전자들은 이런 구간을 어떻게 다니시나요? 맨 가운데 차로를 따라 운전하다가 앞 상황을 보고 결정하십니까?

옥포분기점처럼 Y형 분기 상황에 대해 '도로표지 제작·설치 및 관리지침'에는 이렇게 나옵니다.

4. 하남JCT (Y형 분기)

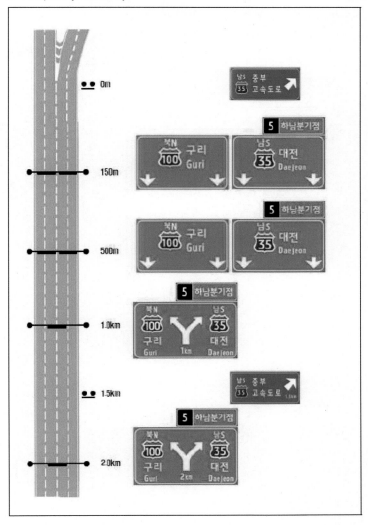

2km와 1km 전방에 방향 표시가 있어야 하고 500m와 150m 전방에는 지정차로 표지가 있어야 한다고 합니다. 하지만 현실은 어떨까요?

옥포분기점의 경우, 도로가 갈라지는 시점에 처음이자 마지막으로 지정차로 표지판이 설치되어 있습니다. 매뉴얼에서 0m라고 표시한 바로 그 지점 같아 보입니다.

그 이전에는 길바닥에 칠해 놓은 녹색/분홍색 유도선이 있습니다.

정말 대단합니다. 제한속도가 시속 100km인 고속도로에서 길바닥만 보고 다니라는 건지, 어떤 이유에서 유도선을 보지 못하고 마지막 구간에서 차로를 변경하다 사고가

난다면 과연 운전자의 실책일까요?

실제 모습은, 유튜브 파파킴스 채널에 실려 있는 영상을 참고하시기 바랍니다.

캐나다에서는 고속도로 분기점에서의 방향과 차로 표시를 이렇게 하고 있습니다.

토론토를 통과하는 401 고속도로가 401과 427 구간으로 나뉘는 표지판 모습입니다.

출처 구글 맵

다음은 온타리오주 교통 관련 매뉴얼인 OTM에서 캡처한 예시입니다.

이런 표지는 보자마자 바로 이해됩니다. 차로별 구분 안내보다 비용도 덜 들 테고요. 한국 도로 표지판은 차로 안내에 왜 그리도 인색할까요? 지정차로 표시도 제대로 되어 있지 않으면서 말입니다.

차로 개념이 없는 표지판을 저는 '달구지'용이라고 부릅니다.

소가 힘들어 할까봐 쉬엄쉬엄 가다가 이정표 팻말이 있으면 한 번 쳐다보고 없으면 주막 주모에게 물어보며 가는 거지요. 달구지끼리 마주치게 되면 상황 봐가며 서로 비켜가는 거고….

달구지한테는 방향만 알려줘도 감사지 차로란 게 또 뭐여?

도로이용 네트워크(www.srek.or.kr)

09

한국 다리(교량)는 몇 도에서 얼기에
여름에도 위험할까?

●
●
●

도로를 달리다 보면 시야가 탁 트였는데도 차선이 흰색 실선으로 되어 있는 경우를 자주 보게 됩니다. 흰색 실선이면 차선변경 금지 구간이지요. 바로, 다리(교량) 위입니다.

차선변경이 안 되는 구간이라면 무슨 합리적인 이유가 있을 텐데 직선 구간이면서 몇 백미터 앞까지 훤히 잘 보이는 곳에서 차선변경 금지라니…. 참 희한합니다.

궁금해서 찾아보니 이런 얘기가 나오더군요. 교량 구간은 겨울에 교량 표면이 얼 수 있고 그런 상황에선 위험하기 때문에 차선변경이 금지되는 실선이라고…. 도로교통법 제22조 제3항에 의거한다는 말도 있기에 찾아보니 교량에서 '앞지르기'를 금지한다는 내용이 실려 있네요. 앞지르기 금지=실선일 수도 있겠습니다. 한국에선 앞지르기=왼쪽 차로로 뿐만 아니라 오른쪽 차로로도 하니 말입니다.

그런데 코미디 중에 이런 코미디가 있을까요?

만약 표면의 결빙현상 때문에 차로 변경을 하지 못한다면 교량 이외의 구간에선 겨울에 어떻게 운전을 하지요? 아무리 차선변경 없이 자기 차로만 유지한다고 해도 도로는 직선, 좌로 굽고, 우로 굽는 구간이 섞여 있는 건데요. 방향 조정을 어떻게 할까요? 물론 땅 위의 도로보다 교량이 더 쉽게 얼기는 하겠지만 땅 위 도로까지 얼긴 얼 테니 말입니다.

이러한 코미디 기준이 적용된 구간을 여러 번 보았습니다. 터널과 터널 사이의 직선 구간이 교량으로 연결되었는데 그 연결점이 짧은 '맨땅'이었습니다. 교량 위의 기다란 직선 구간에서 실선이던 게 그 짧은 맨땅에서는 점선으로 그려져 있더군요. 점선 구간이 너무 짧아 현실적으로 거기서 차선변경을 할 수 없음에도 그렇게 해 놓았습니다.

또 다른 곳은 부산의 산성터널 동쪽 방향 출구 부근입니다. 여기는 아주 극한적인 곳은 아닌데 운전하고 지나가다가 이건 아니다 싶어 이 곳을 예로 들겠습니다.

산성터널은 매우 길며, 그 내부에 차선변경이 가능한 두 구간이 있습니다. 당연히 터널 내 차선변경 가능 구간이 있다는 사전 안내는 없습니다. 산성터널을 벗어나면 직선구간이 쭈-욱 있고 곧 번영로로 빠지는 분기점이 나옵니다. 그 직선구간은 터널 출구＋교량 때문인지 실선으로 쭈-욱 그어져 있지요. 그런데 분기점은 점점 가까워지고… 계속 실선…. 1차로를 타고 있다면 답답해지는 순간입니다.

만약 이런 구간을 운전 중이었다면 어떻게 하시겠습니까? 경험으로 배우는 게 있지요. 아, 또 이상한 구간이구나…. 저 같으면 실선을 무시하고 차선변경을 합니다.

캐나다 도로에선 차선변경이 가능한 구간에선 정확히 다 점선으로 그어져 있습니다. 만약 실선으로 되어 있다면 틀림없이 명백한 이유가 있는 구간이지요. 거기다 위에서 예로 든 코미디 같은 구간은 존재하지 않습니다.

그러니 운전자는 고민할 필요 없이 그려져 있는 차선을 잘 지키기만 하면 되는 쉽고 편한 운전입니다. 위에서 예로 들었던 산성터널 출구처럼 운전자가 전방 상황을 보고 '여긴 이유가 있군. 지켜야겠다. 아니야, 여기는 이상하다. 규칙을 못 지키겠다.' 이런 판단을 할 필요가 없습니다.

한국도로공사 도로교통연구원에서 발간한 자료, 「고속도로 터널 및 교량에서의 차선 운용 개선방안 수립 연구」를 보니 교량 구간뿐만이 아니라 터널 내의 차선변경에도 문제가 있음을 말하고 있더군요.

그런데 다니다 보면 교량 구간인데도 실선이 아닌 차선변경이 가능한 점선 구간도 꽤 있음을 알게 됩니다.

인천공항을 연결하는 두 다리 중 남쪽 다리로, 인천 송도로 연결되는 인천대교입니다.

이보다 북쪽의 영종대교는 모두 실선이군요. 인천대교보다 약간 더 북쪽이니 온도가 낮은가 봅니다.

부산의 부산항대교도 점선입니다.

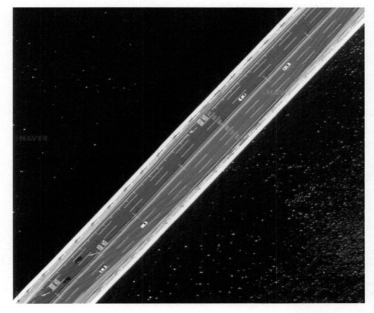

출처 네이버 지도 🔵NAVER

위 사례들을 보면 교량이어도 차선변경이 가능한 교량, 불가능한 교량이 섞여 있습니다. 그 둘 사이에 무슨 차이가 있는지 모르겠군요. 차선변경이 가능한 대형 교량에는 '열선' 같은 장치가 설비되어 있는 건지요? 그렇지 않다면 '같은 교량'인데 도로교통법 제22조 제3항에 어떤 방법으로 적용받지 않는지 참 궁금합니다.

궁금한 점 하나 더하자면, 교량의 결빙현상이 차로 변경 금지의 이유라면, 교량 결빙 온도보다 따뜻한 계절에는 왜 금지할까요? 한국 다리는 한여름 섭씨 30도에서도 결빙현상이 발생하는 걸까요? 물리법칙이 한국 다리에서는 바뀌는 걸까요? 결빙 이외에 다른 이유가 더 있는 걸까요? 혹시 행정 편의주의?

유튜브 파파킴스 채널에는 위에서 언급한 부산 산성터널에 대한 영상이 실려 있습니다. (얼마 전 이 구간을 지나 보니 실선 일부를 점선으로 바꾸어 놓았더군요. 하지만 교량 위는 실선 그대로였습니다.)

도로이용 네트워크(www.srek.or.kr)

이런데서 사고 나면
누구 책임?
**정부에서
보상받자**

10

버스전용차선, 공간 분리가 안전한가?

서울 쪽, 그러니까 수도권으로는 요즘 거의 차를 몰고 가지 않습니다. 꼭 해야만 하는 특별한 이유가 있으면 모를까….

십몇 년 전, 오랜만에 한국에 왔던 어느 날 수도권으로 차를 몰고 가야 할 일이 있었습니다. 천안 인근에서 고속도로로 진입했는데, 정체가 심하더군요. 1차로만 뻥 뚫려 있었고 버스들이 씽씽 달리고 있었습니다.

'저 차선으로 들어가서 달릴까'란 생각이 들었지만 뭔가 이상해서 그냥 막히는 차로에 머물러 있었습니다. 1차로로 들어가기엔 속도 차이가 너무 나서 안전하지 않기도 했습니다. 1차로와 2차로 사이에는 파란색 실선이 칠해져 있었는데 그게 뭔지 몰랐습니다. 한참 고속도로를 진행하다 보니 전광판에 '버스전용차선 시행 중'이라며 요일/시간이 나오더군요. 그제서야 알았지요. '저게 버스전용차선이고 지금 시행되고 있는 거구나….'

한국 도로의 고질적인 안내 부족 상황이었습니다. 익숙한 운전자만 다니는 게 아닐 텐데 모르거나 초행길인 운전자는 어떻게 하라고 그리도 안내에 인색하던지….

십몇 년 전 얘기이고 세월이 흘렀으니 요즘은 충분한 안내가 제공되겠지요.

그 이후 수도권 고속도로를 달리면 버스전용차선이 시행 중인 날엔 두 번째 차로를 타지 않았습니다. 버스가 씽씽 달리는 1차로와 느릿느릿 움직이는 일반 차량의 2차로 사이의 공간적 분리가 너무 빈약하기에 위험해 보였습니다. 2차로의 누군가가 까딱 잘못하면 버스와 충돌할 가능성이 높아 보였지요. 그리고 버스전용차로는 들어가고 나오는 구간이 불분명하더군요. 들어가고 나오는 버스로 차량이 얽히는 구간도 있었습니다.

캐나다 도로를 다니다 보면, 땅덩어리는 넓은 나라임에도 도로의 폭은 좁은 경우가 많습니다. 시내 안의 도로가 특히 그렇지요. 공간적 여유를 충분히 느낄 수 있는 도로는 고속도로입니다. 온타리오주의 경우 403 고속도로를 확장하며 버스전용차로를 만들었습니다. 엄밀하게 말하면 버스뿐이 아니라 탑승객이 2명 이상이면 이용할 수 있는 차로입니다.

1차로와 2차로 사이에 약간의 공간을 두었고, 무슨 차선인지 명시해 두었으며 들어가고 나오는 구간이 정해져 있습니다. 그리고 처음 보는 사람도 이게 뭔지 알 수 있게 표시가 당연히 되어 있지요.

빨간색으로 표시한 것처럼 공간이 띄어져 있습니다.

출처 구글 맵

나가는 구간이고 Continuity Line이 그려져 있습니다. (차선에 관한 26장 참조)

구간이 끝남을 알려주는 표지판입니다.

출처 구글 맵

이런 구조의 도로는 미국에도 많이 있습니다. HOV 차로라고들 부르더군요.

한국 도로의 버스전용차로에도 이런 개념을 적용하면 어떨까 싶습니다. 도로 폭이 넓 직넓직한 한국 도로이니 이런 안전개념을 추가하는 건 별 문제 없으리라 여겨집니다.

참, 한국 시내도로에선 넓직함이 느껴지는 곳이 아주 흔한데, 고속도로에서는 그렇 지 않더군요. 고속도로가 공간에 더 옹색한 느낌이랄까요? 차량 속도는 더 높은데도 불구하고 말입니다.

미국·캐나다, 아랍 에미리트(UAE) 이런 나라에서는 고속도로 공간의 넉넉함이 잘 느껴졌습니다. 중국은 시내나 고속도로나 공간이 넓직넓직했습니다. 일본은 시내 도로가 참 좁지요.

어쨌든 속도 차이를 감안하여 버스전용차로와 일반차로 사이에 공간을 두어 혹시나 모를 사고에 대비해야 한다고 생각합니다.

도로이용 네트워크(www.srek.or.kr)

11

고속도로에 병목 현상이 왜 생기지?
논산분기점

차로 구분이 없는 달구지용 표지판에 대해, 로드클럽 카페의 알터 님이 아래의 답글을 달아주셨습니다.

"천안논산고속도로 하행 방향에서 호남고속도로와 접속 부분이 정확히 말씀하신 것과 같은 사유로 인해, 지·정체가 엄청납니다. 편도 2차로 도로가 호남고속도로 접속을 앞두고 1차로는 직진해서 호남고속도로 상행과 접속됨과 동시에 하행과도 연결될 수 있도록 되어 있습니다. 그리고 2차로는 그대로 가면서 2차로가 3차로가 되는 방식이고요. 즉, 설계 목적대로라면 하행 방면으로 이동하는 차량들이 많음에도 불구하고 한 개 차로가 확대됨으로 인해 막힘 없이 이동할 수 있는 셈이지요. 그런데 분기를 알려주는 표지판에는 그러한 내용이 전혀 없기 때문에, 사람들은 하행을 타기 위해서 수 킬로 앞부터 1차로에서 2차로로 끼어들기도 하고 2차로는 엄청나게 막힙니다. 1차로로 계속 가면 편안하게 하행도 탈 수 있는데 말이죠…. 달구지에 적합한 표지판 맞습니다."

알터 님이 알려주신 지역을 네이버 지도로 살펴보았습니다. 25번 고속국도인 논산천안고속도로의 논산분기점이더군요.

이렇게 남동쪽으로 향하던 도로가 갈라집니다.

갈라지기 전 편도 2차로이던 도로가 분기 지역에 들어서 3차로로 넓어집니다.

그러곤 이렇게 갈라집니다.

갈라진 후 25번 고속국도는 계속 2개 차로를 유지합니다.

도로가 갈라지기 시작하는 점에서 끝나는 점까지는 대략 530m 정도 되어 보이는군요(네이버 지도상 기준).

분기점으로부터 2km와 1km 전방에 이런 표지판이 있습니다.

이 표지판을 보면 대부분의 운전자는 전방은 이렇게 될 거라고 예상할 것입니다.

1차로와 2차로가 나뉘어져 각각 한 차로 도로로 변하는 형식입니다. 그런데 25번 고속도로를 논산교차로 쪽으로 좀 더 진행하면 이렇게 됩니다.

광주·익산 방면으로 한 차로가 늘어, 한 개 차로+두 개 차로 형태(1+2)로 되어 버립니다. 한 차로씩 나눠지는 (1+1)형식과는 완전히 다릅니다.

캐나다 분기 안내 표지판의 모습입니다.

편도 3차로로 오던 도로가 '3개 차로+2개 차로'로 갈라지는 형태로, 논산분기점 전방의 표지판과 개념이 완전히 다릅니다. 3차로를 타고 있었다면, 그냥 거기에 남아 있어도 401 고속도로로 유지할 수 있다는 걸 보자마자 이해할 수 있습니다.

역시 한국 고속도로의 표지판은 100km/h로 달리는 차량용이 아니라 쉬엄쉬엄 가는 달구지용이 맞습니다.

그런데 이 논산분기점은 구조적으로 이상합니다.

현재의 도로 노면에 칠해져 있는 녹색/분홍색 유도선을 보면, 설계자는

· (분기 전) 1차로에 있던 차량은 계속 1차로에 남아 호남고속도로 상행과 접속하고

· 광주/익산 방면 차량은 (분기 전) 2차로를 유지하다가 (분기 중) 2차로에 그대로 남아 있거나 3차로로 옮기길 원하는 듯합니다.

그렇다면 기본 차로 수 '2'인 도로가 부분적으로 '1+1'로, 그리고 '1+2'로 변경되는 구조라 할 수 있겠지요. 고속도로 한 중간에 병목 구간이 있다니?…. 그러니 앞서 알터님이 말씀하신 대로 정체가 생기는 거지요.

또, 현 구조에는 차로 유지 일관성(Lane Continuity) 개념이 적용되지 않았습니다. 1차로로 광주·익산 방면으로 향하던 운전자는 자기 차로를 유지하지 못하고 차로를 변경해야 자신의 목적지로 향할 수 있습니다. 아무리 보아도 광주·익산 방향이 주도로인데 희한한 구조입니다.

목적지 유지 일관성(Route Continuity) 개념도 적용되지 않았습니다. Route Continuity 개념에 따르면, 갈라짐은 맨 오른쪽에서 해야 운전자의 부담을 경감시킨다고 합니다. 하지만 논산분기점에서는 좌측에서 분기하고 있습니다. 또한 차로 정보 부재 역시 운전자의 부담을 높이고 있습니다.

가장 이상적인 구조는, 25번 고속국도의 남쪽 방향 2개 차로는 광주·익산 방향으로 유지되는 상태에서, 맨 오른쪽으로 상행선용 차로가 갈라지는 것이라고 생각됩니다.

현지 지형을 살펴보면 오른쪽 분기는 돈이 더 들 것 같아 보이긴 합니다. 그래서 왼쪽 분기로 건설한 게 아닌가 유추되는군요.

왼쪽 분기는 매우 드문데 미국 미시건 주의 I-94 고속도로에 똑같은 예가 있습니다.

출처 구글 맵

출처 구글 맵

편도 3개 차로의 도로에서 왼쪽으로 차로 하나가 생기며 분기해 나갑니다. 3개 차로는 그대로 유지되니 Lane Continuity도 계속되며 교통 체증은 발생하지 않습니다.

현 상태에서 논산분기점의 근본적 구조를 바꿀 수는 없을 겁니다. 하지만 차선을 I-94의 예제처럼 고쳐 그어야 하지 않을까 싶습니다. 그리고 표지판 또한 바뀌어야겠지요. 캐나다 예제 그림을 좌우로 바꾸면 되겠습니다.

출처 Ontario Traffic Manual

그리고 현재의 논산분기점 차선 모양은 정상 점선을 하고 있습니다.

출처 네이버 지도 ➍ NAVER

곧 도로가 갈라지는데 차선으로 그걸 알려주지 않다니…. 다음은 미국 도로 예제로, 맨 왼쪽 한 차로를 없애면 논산분기점과 동일합니다.

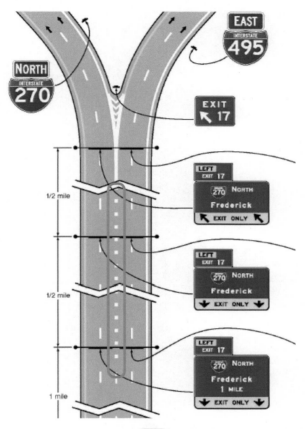

출처 Wisconsin Manual on Uniform Traffic Control Devices

캐나다에서는 이 점선을 Continuity Line이라고 하며 짧고 두껍게 칠해져 있습니다. 차선만 보아도 전방에 변경이 있다는 사실을 매우 쉽게 인지할 수 있지요.

한국 도로를 다녀보면, 어디는 분기점에 점선을 적용했고 어디는 적용하지 않는 중구난방이더군요. 여기에 관한 기준이 있을 텐데….

논산분기점, 여기도 누가 설계했고 누가 승인했는지 참 궁금하군요.

도로이용 네트워크(www.srek.or.kr)

12

김해 전하교 교차로와
적신호 시 우회전

김해 신세계백화점 근처에 전하교 교차로라는 아주 특이한 교차로가 있습니다.

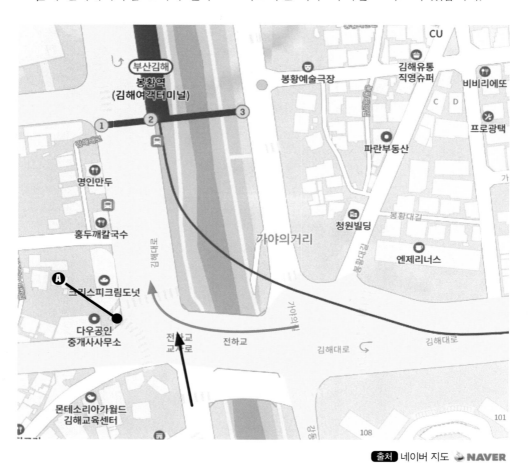

동-서로 나 있는 김해대로가 전하교 교차로에서 남-북으로 방향이 바뀌는 구조이고 대다수의 차량이 이 구간을 지나다닙니다. 서→북 방향은 위 지도에서 빨간색 화살표처럼, 남→동 방향은 빨간색 화살표의 반대로 움직입니다.

앞 지도의 빨간색 동선처럼 우회전을 할 때는 신호등 A의 신호를 보아가며 해야 할 겁니다. A 신호가 녹색이라면 우회전할 수 있지만, 적색이라면 파란색 동선으로 오는 차량이 있는지 확인하고 진행해야겠지요. 빨간색 화살표 동선의 우회전 차로는 3개입니다.

그런데 A 신호가 적색이어도 빨간색 동선의 운전자들은 그냥 진행합니다. 파란색 동선에 차량이 없음을 어떻게 아는지….

이 교차로를 처음 지날 때, 빨간색 동선으로 움직이고 있었는데 A 신호가 적색으로 바뀌더군요. 속도를 줄이며 주위를 살피니 다른 모든 차들은 계속 정상적으로 움직이고 있는 신기한 상황. 그 중간에 혼자 멈춰버리면 더 큰일이 나겠다 싶어 주위의 흐름에 따랐습니다. 그 이후에도, 이 교차로에 익숙해질 때까지 지날 때마다 정말 당황스러웠습니다. 특히, A 신호가 적색으로 바뀔 때 맨 앞에 있는 경우. 파란색 동선이 확실하지 않으니 멈춰서려고 하는데 옆 두 차로의 차들은 모두 정상적으로 움직이고 뒷차는 빵빵거려대고….

A 신호등이 적색일 때 이곳 우회전 구간의 정지선에 멈춘 차를 한 번도 본 적이 없습니다. 파란색 동선에 차량이 없음을 어떻게들 알까? 정말 미스터리였습니다.

그래서 어느 날 일부러 전하교 교차로로 걸어가 신호등 체계를 관찰한 적이 있었습니다. 도로 이용자가 왜 이 짓까지 해야 하나 하며…. 교차로 상황을 어떻게들 알고 다닐까 너무 궁금했었습니다. 지켜보니 설계자의 의도를 알 수 있겠더군요. 그런데 다른 운전자들은 설계자의 의도를 어떻게 알까요? 저처럼 다들 와서 지켜본 걸까요? 아니면 일전에 통과방법 설명회 같은 게 있었던 걸까요?

그것만으로는 충족이 안 되기에 검색해 보니, 경찰청에서 만든 '적색 신호 시 우회전'이란 자료를 만나게 되었습니다.

적색 신호시 우회전 허용(Right Turn On Red, RTOR) 관련 검토

《RTOR 허용국 : 미국, 캐나다, 한국, / NTOR(No Turn On Red) 국가 : 유럽, 일본 등》

☐ 관련 규정

○ 도로교통법 시행규칙 별표2 [적색 등화의 의미] :

    차마는 정지선, 횡단보도 및 교차로의 직전에 정지하여야 한다. 다만 신호에 따라 진행하는 다른 차마의 교통을 방해하지 아니하고 우회전할 수 있다.

○ 도로교통법 제27조(보행자의 보호)

    ② 교차로에서 좌·우회전을 하려는 경우 신호에 따라 도로를 횡단하는 보행자의 통행을 방해하여서는 아니된다.

☐ 신호의 의미에 따른 교차로 통행방법

○ 차량 신호등이 적색일 경우 교차로 통행방법

  - 모든 차는 정지선·횡단보도·교차로의 직전에 정지하여야 함

✓ - 다만, 적색신호라도 우회전하려는 차는 정지선에 정지한 후 다른 차마나 보행자의 통행을 방해하지 않을 경우 우회전할 수 있음

    ※ 우리나라와 같이 적색신호시 우회전을 허용하고 있는 미국에서도 우회전 차량에게 정지의무 부과(차량과 교통법 제1111조, 적색신호의 의미)

○ 교차로에서의 횡단보도 통행방법

  - 모든 운전자에게 보행자 보호의무가 부과된 만큼, 횡단보도에 보행자가 있는지 확인한 후 통행

☐ 향후 계획

○ 교통안전담당관실(교통조사계)과 협조, 교통조사관 상대로 교양 실시

○ 도로교통공단과 협조, 운전자 교육시 적색신호시 우회전 차량의 정지선 준수 및 안전 확인의무 적극 교육·홍보

☐ 신호위반에 해당하는 사례

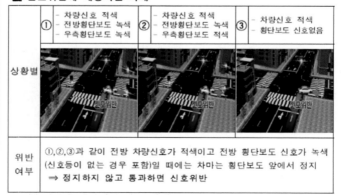

상황별	① - 차량신호 적색 - 전방횡단보도 녹색 - 우측횡단보도 녹색	② - 차량신호 적색 - 전방횡단보도 녹색 - 우측횡단보도 적색	③ - 차량신호 적색 - 횡단보도 신호없음
위반 여부	①,②,③과 같이 전방 차량신호가 적색이고 전방 횡단보도 신호가 녹색 (신호등이 없는 경우 포함)일 때에는 차마는 횡단보도 앞에서 정지 ⇒ 정지하지 않고 통과하면 신호위반		

한국 운전자들은 거의 하지 않지만 캐나다 운전자들은 이 '적색 신호 시 우회전'을 지킵니다.

온타리오주 운전교본인 『Ontario Driving Handbook』에 이렇게 실려 있습니다.

VI. Changing directions
Right turn on a red light

Unless a sign tells you not to, you may make a right turn facing a red light as long as you first come to a complete stop and wait until the way is clear. Remember to signal your turn and yield to pedestrians and others using the road.

적색 신호등에서 우회전하려면 일시정시를 해야 하는 거고 한국 경찰청 교통운영과의 설명은 이와 동일합니다.

일본에서는 적색 신호 시 좌회전(=한국의 우회전) 자체가 허용되지 않더군요. 다른 운전자들이 그렇게 하기에 따라했었고, 나중에 일본과 캐나다의 운전규칙 차이를 찾아보니 그렇게 나오기에 알게 되었습니다.

김해 전하교 교차로에는 '우회전 전용 신호등'이 없습니다. 그러면 A 신호등의 신호를 받는 게 맞을 것 같은데 이곳에서 우회전 차량들은 어떻게 그냥들 다니는 걸까요? 모두 신호위반일까요? 그런데 한 번도 경찰을 본 적도 없고 아무런 설명도 없습니다. 참 희한합니다.

물론 저도 이제 그냥 다닙니다. 전하교차로의 신호체계를 현장에서 지켜보니 현재 방식의 신호를 따르면 '거의' 교통 통제를 할 수 있어 보이긴 했습니다. '거의'니까 100%는 아닙니다. 그러니 초행길 또는 익숙하지 않은 운전자에게 명확한 정보를 주는 방법을 찾아야 하지 않을까요?

· 해법 1. 우회전 전용 신호등 설치
· 해법 2. 우회전은 A 신호를 따르지 않는다는 안내표지 설치

그리고 '적색 신호 시 우회전'이란 규칙을 만들어 놨으면 지켜야 하고, 지키도록 해야 하지 않을까요?

도로 합류지점이나 교차로에서 적색 신호임에도 '정지' 하지 않고, '다른 차마나 보행

자 확인'을 하지 않고 막무가내로 진입하는 운전자를 자주 대하고 있는데 어찌된 일일까요? 한국 도로영상을 보면 이러다 사고가 많이 나더군요. 어쩌면 실행할 수 없는 규칙이라 폐기되었는지도 모르겠습니다.

다닐수록 도로 설비와 안내가 꼼꼼하지 않다는 생각이 많이 듭니다.

시설의 모습은 교통선진국의 것과 비슷하긴 한데 뭔가 부족하니 결국 운전자들이 알아서들 다니라는 것 같습니다.

하지만 위에서 살펴보았듯이 도로 담당 관공서의 책임은 면하지 못할 것으로 생각됩니다.

도로이용 네트워크(www.srek.or.kr)

13

봐도 봐도 아리송한 표지판,
척 보면 착 알게 할 수 없을까?

24번 국도 울산 언양교차로를 지나며 느꼈던 내용입니다.

"표지판 한 번 엄청 복잡하네. 한국 운전자들은 저런 표지판을 보자마자 척척 이해하나 보구나. 근데 나는 좀 헷갈리는데?"

교차로나 분기점에 가까워지면 그 내용을 알려주는 표지판들이 나타나는데 그 위치
(거리)에 따라 명칭이 있을 것입니다. 한국 매뉴얼에서는 위치별 명칭은 없이 '어떤 표지
를 설치한다'란 개념으로 되어 있습니다.

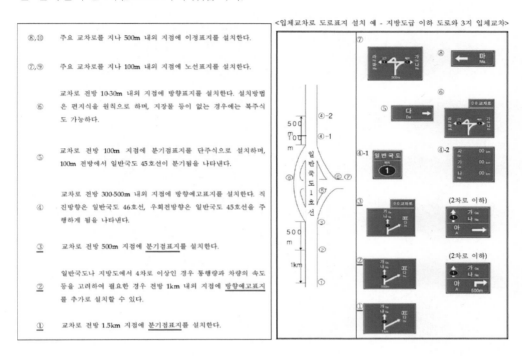

해당 교차로에 다가가면서 이런 표지판들을 만나게 됩니다.

· 첫 번째: 분기점 표지

· 두 번째: 방향예고 표지

· 세 번째: 분기점 표지

혹시나 하며 캐나다 OTM을 찾아보았습니다.

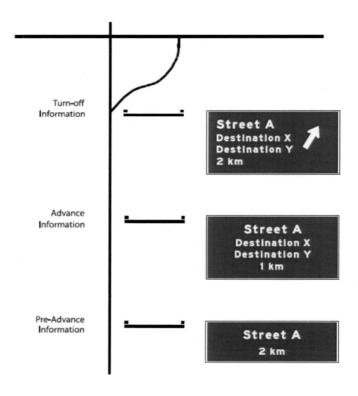

해당 교차로에 다가가며 만나는 표지판의 명칭입니다. 아니 명칭이라기보다 정확하게 말하면 '어떤 정보인가'인데 그냥 명칭이라고 부르겠습니다.

· 첫 번째: Pre-Advance

· 두 번째: Advance

· 세 번째: Turn-off

전문적으로 뭐라고 번역되는지 모르겠는데, 제 나름대로 의미에 따라 옮겨 보았습니다. '예보', '준비', '길빠짐'.

한국이나 캐나다나 개념상으로 보면 동일한데, 한국의 경우 표지판 세 개 모두가 똑같은 내용임에 반해, 캐나다의 경우 목적에 따라 그 내용이 다릅니다.

세 표지판의 순서대로 24번 국도상의 언양교차로에 대입해 보았습니다.

· Pre-Advance(예보): 1km 전방

· Advance(준비): 300m 전방

· Turn-off(길빠짐):

언양교차로의 경우에도 설치되어 있는 세 표지판의 형태와 내용이 모두 똑같습니다.

그런데 운전자가 교차로의 형태까지 다 알아야만 하는 걸까요? 물론 공간감각이 좋아 교차로 형태를 다 이해하고 거기에 맞춰 방향 조절을 척척 할 수 있다면 최고겠지만 그렇지 않은 운전자도 꽤 있을 텐데 말입니다.

내 상황에 알맞는 정보만 '딱' 받는 게 더 낫지 않을까요?

포항·경주행 운전자에게 가장 중요한 건, '여기서' 빠지라는 표지일 것입니다. 현재처럼 난해한 표지판을 걸어 놓고 노면에 '경주'라고 써 놓는다면 이게 최선일까요? 복잡한 표지판을 이해하느라 아직도 고민 중인 운전자도 있을 텐데요.

그리고 언양·(서)울산행 운전자가 찾고 있는 건, '이 다음' 출구이고 '몇 m 가면 있다', 그리고 '여기서' 빠지라는 거겠지요.

아마도 현재 방식이 어렵다고 민원을 제기하면 아마도 분홍색·녹색 유도선을 칠해 놓을 듯합니다.

그런데 노면에서 '포항'은 왜 갑자기 사라졌을까요?

이런 경우 교통선진국에서는 어떻게 표시하고 있나 살펴보았습니다.

이 그림은 미국의 고속도로 표지판 예시로 언양의 24번 국도에 적용해도 되겠습니다. 둘 다 클로버잎형 입체교차로입니다.

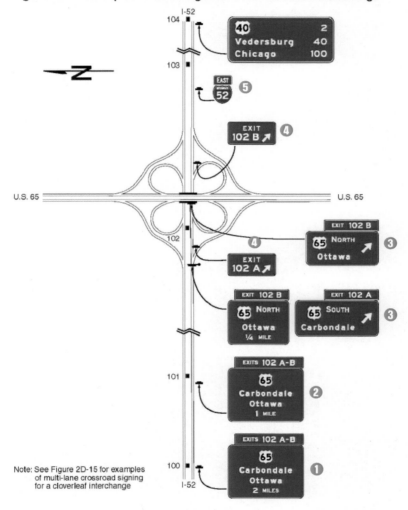

Figure 2E-35. Examples of Guide Signs for a Full Cloverleaf Interchange

출처 Wisconsin Manual on Uniform Traffic Control Devices

· **1번:** Pre-advance(예보) 표지판
· **2번:** Advance(준비) 표지판
· **3번:** Turn-off(길빠짐) 표지판, 102A용

· **3번**: Turn-off(길빠짐) 표지판, 102B용

· **4번**: 출구번호 표지판

· **5번**: 현재 도로명

미국 방식은 운전자에게 '딱' 맞는 정보를 '적절한 타이밍'에 제공해 주고 있습니다. 이런 방식이 운전자에겐 훨씬 친화적일 것입니다.

출구번호를 국도에도 적용하여 언양교차로와 같은 구조에 표시해 놓는다면 운전자에게 큰 도움이 되겠지요. 내비게이션 시스템도 출구번호 정보를 이용하면 더 좋을 듯합니다.

그리고 언양교차로의 경우, '예보'나 '준비' 표지판은 동일한 내용을 담고 있어도 이해가 됩니다. 하지만 '길빠짐'에서도 똑같은 그림을 걸어놓은 이유는 무엇일까요?

또한 이 교차로의 남쪽행 길빠짐 표지판의 경우, 위치가 타당한지 의아해집니다.

위의 미국 예시를 보면, 도로가 갈라지기 훨씬 이전에 길빠짐(Turn-off) 표지판이 설치되어 있는 데 비해 한국은 갈라짐이 상당히 진행된 단계에 설치되어 있습니다. 물론

현재 위치는 클로버잎형 입체교차로 표지판 설치규정을 따르긴 했습니다(클로버잎형 규정 그림의 번호 6).

운전자의 입장에서 보면 미국 예시가 훨씬 더 편리합니다. 엇갈림(Weaving) 구간과 겹치기도 하니 남쪽행 길빠짐(Turn-off) 표지판을 앞쪽으로 당겨 설치해야 할 듯합니다. 현 위치를 고집해야 한다면 더 크게, 글자도 크게 해서 눈에 띄게 해야겠지요.

앞 세 개의 표지판에서는 나오지 않던 '부산'이 갑자기 튀어 나오기도 합니다. '부산'을 알려주고 싶었으면 앞 표지판에서는 왜 조용히 있었을까 의아하군요.

그리고 보니 교차로 모양을 표지판에 그려 놓는 나라는 별로 없었던 듯합니다.

도로 구조와 마찬가지로 표지판도 이용자인 운전자 위주 개념으로 바뀌길 바랍니다.

도로이용 네트워크(www.srek.or.kr)

14

여기 길 이름은 뭐지?
내비게이션도 헷갈려

아래는 네이버 지도의 길찾기로 경기도 고양시 일산의 한수중학교에서 김포공항 국내선 청사로 가는 길을 뽑아본 결과입니다.

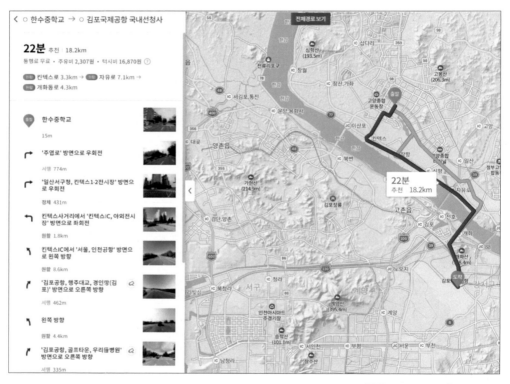

길찾기 부분만 옮겨보면,

- '주엽로' 방면으로 우회전

- 일산서구청, '킨텍스 1,2전시장' 방면으로 우회전

- 킨텍스사거리에서 '킨텍스IC, 야외전시장' 방면으로 좌회전

- 킨텍스IC에서 '서울, 인천공항' 방면으로 왼쪽 방향

- '김포공항, 행주대교, 경인항(김포)' 방면으로 오른쪽 방향

- 왼쪽방향

- '김포공항, 골프타운, 우리들병원' 방면으로 오른쪽 방향

- '국제선출발, 국내선' 방면으로 오른쪽 고가차도 진입

- '국내선, 화물청사' 방면으로 왼쪽 방향

- 고가차도 진입

- 김포국제공항 국내선 청사 도착

구글맵으로 캐나다 토론토 한 곳에서 피어슨 국제공항 제1터미널까지의 경로를 뽑아보았습니다.

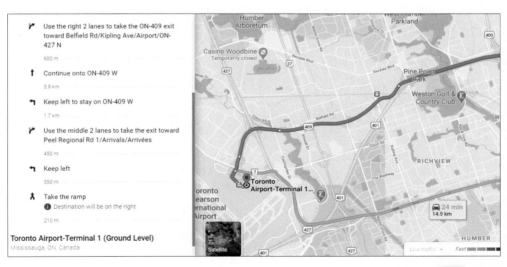

출처 구글 맵

길찾기 부분만 옮겨보면,

- Head south toward Ingram Dr
- Turn right onto Ingram Dr
- Turn right onto Keele St
- Use the right lane to take the ramp onto ON-401 W
- Merge onto ON-401 W
- Continue straight to stay on ON-401 W
- Use the right 2 lanes to take the ON-409 exit toward Belfield Rd/Kipling Ave/Airport/On-427 N
- Continue onto ON-409 W
- Keep left to stay on ON-409 W
- Use the middle 2 lanes to take the exit toward Peel Regional Rd 1/Arrivals
- Keep left
- Take the ramp, Destination will be on the right. Toronto Pearson Int'l Airport Terminal 1

네이버 길찾기에서는 한국의 교통표지판처럼 '방향'만 안내하고 있습니다. 그리고 '랜드마크' 위주로 되어 있습니다.

이에 반해 구글맵 길찾기에서는 '방향'과 '차로' 두 가지를 '길 이름' 위주로 안내하고 있습니다. 훨씬 운전자 친화적입니다.

물론 네이버 길찾기를 운전할 때 사용하지는 않을 겁니다. 여기선 그 개념에 대해서만 언급합니다.

요즘은 초행길이거나 익숙하기 전까지는 내비게이션 시스템을 대부분 사용합니다. 저의 경우, 종이로 된 운전자용 지도는 몇 년 전 일본에서 샀던 게 가장 최근입니다. 캐나다 이민 후 초창기였던 90년대 말엔 종이지도가 필수였기에 지도 여러 장을 차에 항상 갖추고 다녔었지요.

한국 내비게이션은 도로표지판이나 네이버 길찾기처럼 방향을 안내하면서 거기에 더해 도로 모습과 함께 몇 번째 차로에 있어야 하는지 보여주기도 합니다.

그런데 아무리 내비게이션의 방향과 차로 안내를 따라간다 해도 그 정보가 도로와 실제로 맞는지 운전자가 확인하며 진행해야 하겠지요. 한국 도로는 이 점에서 꽤 난이도가 높습니다.

방향에 있어서 '시청, 대학교, 킨텍스' 등등의 랜드마크, 또는 '청주, 해운대' 등등의 지명 위주로 표기를 하기에 정확성이 떨어진다고 할 수 있습니다. 랜드마크 XX가 오른쪽 어딘가에 있다면, 이번 우회전에서도 XX, 다음 우회전에서도 XX라고 표기될 수도 있겠지요. 지명의 경우에도 마찬가지입니다.

만약, 도로명을 기준으로 안내한다면 훨씬 정확해집니다. 도로명을 기준으로 하려면, 모든 도로 입구의 같은 위치에 그 도로명을 표시해 놓아야 운전자의 부담을 덜어줄 것입니다. 아직 도로명 표시가 없는 곳도 있더군요.

작은 길의 경우 그 명칭은 그 주위의 큰 길에 종속되는 경우가 대부분이니 바람직하지 않다고 생각합니다. 예를 들면, 무심동로, 무심동로304번길, 무심동로328번길, 무심동로336번길… 차량은 어느 정도의 속도로 움직이고 있기에 작은 길 하나하나의 이름이 완전히 다르다면 운전자가 식별하는 데 훨씬 용이할 것입니다. 이번 길은 '코스모스길', 다음 길은 '파란하늘길'처럼 말이지요. 운전하며 그 숫자 명칭의 맨 끝자리까지 언제 확인할 수 있을까요? 물론 도로명은 운전자만을 위한 건 아닙니다. 보행자에게도 필요합니다.

한국 내비게이션은 랜드마크와 도로명이 뒤섞여 나오기에 북미쪽 내비게이션에 비해 운전자에게 걸리는 워크로드가 높습니다. 도로표지판이 신형, 구형으로 표기방법이 달라 표시 내용을 꼼꼼히 살펴봐야 하기도 합니다.

그리고 이런 문제도 있습니다. 내비게이션에서는 교차로, 분기점이 단골로 등장하는데 내비게이션 정보와 도로 표지판의 내용이 맞지 않는 경우도 있더군요. 이걸 도로명 기준으로 안내한다면 전혀 문제가 되지 않을 텐데 그렇습니다.

부산의 낙동강변 도로를 예로 들겠습니다. 카카오맵 내비게이션이 200m 앞의 '화명 IC'에서 빠져나가라고 하여 맨 우측 차로로 변경합니다. 점점 접근하면서 '화명 IC' 표지판이 나타나길 기대하지요.

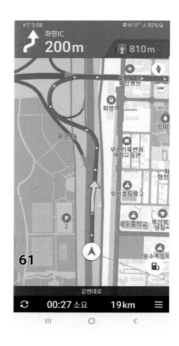

그런데 막상 표지판에는 '산성터널/금곡대로'라고 써 있네요. '화명IC'는 흔적도 없습니다.

분명 '화명 IC에 맞게 온 것 같은데, 희한하네. 잘못 알았나? 긴가? 정말 아닌가?' 그 짧은 시간에 이런 고민을 빛의 속도로 처리하다가 '여기는 화명 IC가 아닌개벼'라고 결론내리며 지나칩니다. 그러고 나면 잠시 후, 내비게이션 김양은 "경로를 변경합니다"라는 카랑카랑한 목소리를 들려줍니다. 아, 또 틀렸구나….

부산 금정산에 동-서로 나 있는 터널을 통과해야 하는 건 알았지만 초행길인지라 그 이름이 산성터널인지는 알지 못했습니다. 결국 뼁뼁 돌다가 한참만에 투덜거리며 궤도에 재진입했습니다. 열은 팍팍 받고, 약속 시간 때문에 마음은 급해지고….

집에 돌아와 네이버 지도로 확인해 봐도 '화명 IC'는 나오지 않더군요. 그럼 화명 IC는 도대체 어딜까요?

아마도 그 내비게이션 시스템은 교차로/분기점을 기준으로 안내하도록 만들어졌을 듯합니다. 길거리의 표지판 모두를 데이터화 했는지는 알 수 없습니다. 그러다 보니 시스템과 현지 표지판이 충돌해버린 경우라고 여겨집니다.

터널명 대신에 도로명인 '서낙동로'로, 그리고 그 터널로 갈 수 있는 지명(예: 금정구청, 정관)과 함께 적어 놓았더라면 훨씬 나았을 겁니다. 내비게이션의 안내 시스템도 그런 방식으로 수정해야 하겠습니다. 미국 매뉴얼에 나오는 다음 그림이 딱 좋은 예제입니다.

Levitt Pkwy는 도로명, Willingboro와 Rancocas는 지명입니다.

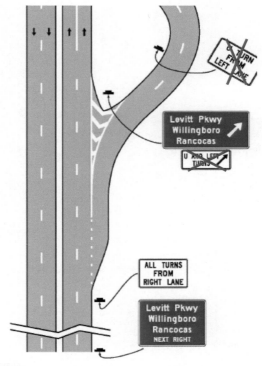

출처 Wisconsin Manual on Uniform Traffic Control Devices

참고로, 산성터널은 생긴지 몇 년 안 되었기에 랜드마크로서의 성격을 갖추었는지 의문이 듭니다. 아는 사람은 알고 모르는 사람은 모른다고 할까요.

그래도 표지판의 '금곡대로'는 더 말이 안 됩니다. 그 램프에서 빠져 동쪽으로 한 블록 이동해야 금곡대로이니, '금곡대로가 랜드마크다'라고 주장한다면 모를까 논리적으로 보면 여기서 등장할 수 없습니다.

그건 B 구간을 동쪽으로 진행하다 C(금곡대로) 이전에 표시되어야 정답일 겁니다.

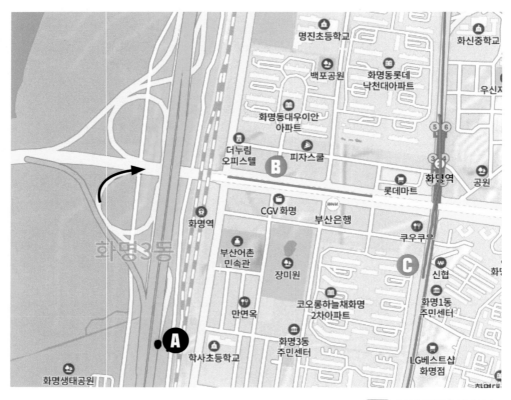

· A: IC로 길빠짐 점
· B: 서낙동로(고가도로 상부), 화명대로(고가도로 하부)
· C: 금곡대로

그런데 고가도로 상단(서낙동로)에서 빠져 내려가는 램프에는 '화명대로'라고 써 있고

'금곡대로'라는 문구는 흔적도 없습니다. 다음 사진은 앞 지도에서 검정색 화살표의 화살촉 위치쯤 됩니다.

금곡대로가 엄청 중요한 정보였다면 이 순간에 '금곡대로행'이란 표시가 나와야 할 텐데…. 도대체 맨 처음 표지에 써 있던 '금곡대로'는 거기에 왜 있을까요? 미스테리입니다.

캐나다의 경우였다면, 미국 예제처럼 A 지점 표지판에는 '서낙동로'라고 쓰여 있었을 겁니다. 그리고 내비게이션도 그렇게 안내했겠지요. 입체교차로를 따라 올라간 후 엇갈림(weaving) 구간에선 '서낙동로=안쪽'이란 방향표지가 있었겠지요. 해당 구역에 이 안내표지판은 없습니다. 아, 캐나다 온타리오주 도로에는 엇갈림 구조가 거의 없으니 안내판이 없을 가능성이 높겠군요.

그리고 북미의 내비게이션이라면 고속도로인 경우엔 출구(EXIT)번호를 함께 안내합니다. 한국 내비게이션은 이런 안내가 매우 약합니다.

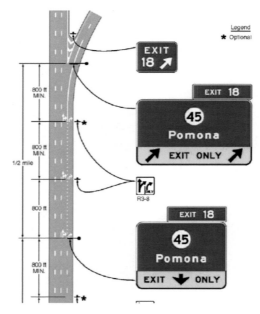

출구번호도 함께 안내하면 정확성이 아주 높은데 특히 다음과 같이 출구 여러 개가 근접한 경우가 그렇습니다. 주로 A, B로 구분합니다.

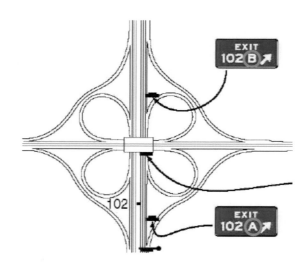

한국 고속도로에도 동일한 방식으로 출구번호가 표기되어 있긴 하지만 출구번호까지 나오는 내비게이션은 보지 못했습니다. 이런 정보까지 안내해 주는 내비게이션이 있으면 알려주세요. 저는 파인드라이브, 카카오맵 내비게이션을 주로 사용하고 있습니다.

혹시나 해서 T맵을 확인해 보니 '화명IC, 산성터널, 금곡대로'라고 안내가 나오는군요.

한국에서는 내비게이션을 따라가도 종종 길을 잃습니다. 교통선진국 방식의 안내체계로 전환해야 한다고 생각합니다.

도로이용 네트워크(www.srek.or.kr)

이런데서 사고 나면
누구 책임?
정부에서
보상받자

15

한 방향 신호등과
스텔스 신호등 외

이런 곳도 있습니다. 한 방향 신호등. 사거리 교차로에서 한쪽 방향으로만 신호등이 설치되어 운영되고 있고, 다른 방향 도로에는 신호등 자체가 아예 없습니다. 아래 지도를 예로 들겠습니다.

- 녹색 구간: 신호등 설치
- 빨간색 구간: 신호등 없음

녹색 도로상의 운전자는 전방에 특이한 상황이 있음을 상상도 하지 못할 거고, 빨간색 방향의 운전자는 신호등이나 일시정지 표지판, 양보 표지판, 노면 표시 같은 게 아무것도 없으니 그냥 진행하려 할 것 입니다. 위 장소를 자주 다니는데 아찔한 순간을 여러 번 목격했답니다. 빵빵거리고 난리지요.

한국엔 이런 식 도로를 꽤 여러 곳에서 보게 됩니다. 보행자를 위해 횡단보도에 신호등을 만들다 보니 이 상황이 벌어지는 듯합니다. 횡단보도 신호에 맞추어 차량이 진행하기도 하지요.

빨간색 구간을 신호등이 없는 상태로 유지할 거라면, 그 구간에 일시정지 표지판과 노면 표시, 그리고 합류 표지판과 노면 표시를 설치해 전방 상황이 어떤지 운전자에게 알려줘야 할 것입니다.

물론 대형 교차로에서 100m 정도밖에 떨어지지 않은 곳에 이렇게 교차로 형태를 또 만들어 놓은 도시설계의 오류, 즉 구조적 문제라고 여겨지기도 합니다.

한국의 교통신호등은 스텔스 기능을 갖고 있는 경우도 많습니다.

무슨 말이냐 하면 신호등 정지선 맨 앞에 섰을 경우 신호등이 보이지 않는 곳이 의외로 많습니다. 작은 차를 몰 때 특히 그렇지요. 신호등 찾아 삼 만리…. 머리를 숙여 신호등이 어디에 있나 위쪽 주변을 찾아야 합니다.

신호등이 보이지 않는다면 그 위치가 너무 높거나 아니면 차량으로부터의 거리가 너무 가까워서겠지요. 그래서 신호등 설치기준이 어떤지 경찰청에서 발간한『교통신호기 설치·관리 매뉴얼』을 찾아보았습니다.

마. 설치 위치

기 준

(1) 단일로

o 단일로 상의 횡단보도에 설치하는 차량신호등의 주신호등은 정지선과 횡단보도 사이에 설치하며, 정지차량 운전자의 시인성 확보를 위해 보조신호등을 설치하여야 한다.[그림 3-1]

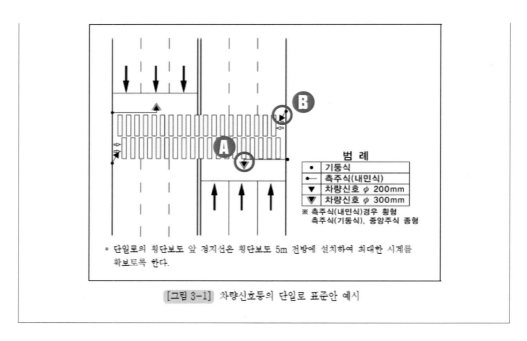

[그림 3-1] 차량신호등의 단일로 표준안 예시

신호등이 보이지 않았던 곳들은 이런 단일로 형태였습니다.

A가 주신호등을 뜻하는 것 같은데 실제로는 대부분 B 위치에 신호등 기둥이 세워져 있더군요. 거리를 재어 보면 정지선으로부터 B까지는 10m쯤 되어 보였습니다. 그런데, 작은 차 운전석에서는 이 거리에서 신호등이 보이지 않습니다. B 위치에 보조신호등이 있으면 좋을 텐데 없는 경우가 더 많습니다.

캐나다에선 신호등을 보지 못했던 기억이 없어 OTM을 찾아 보았습니다. 신호등 얘기는 OTM Book 12에 나오는데, 온타리오주의 신호등은 12~55m 사이에 있어야 하고 권장 거리는 15m라고 합니다. 아래는 교차로 예시입니다. 단일로 그림은 찾을 수 없었습니다.

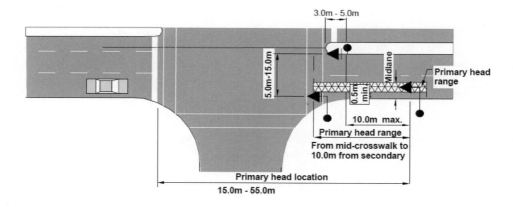

Figure 39 – Primary and Secondary Head Locations

예시 그림을 보니, 주신호등은 교차로 건너편에 있고 그러면 정지선으로부터 15~55m 거리가 되나 봅니다. 주(Primary)신호등과 부(Secondary)신호등 두 개를 좌우로 설치하는군요. 그러니까 모든 신호등은 교차로 건너편에 있게 됩니다.

사진으로 보면 이렇습니다. 편도 1차로의 작은 교차로 모습으로 소형차 운전석에서도 잘 보입니다.

출처 구글 맵

혹시 신호등의 설치 높이가 다른지 찾아보니 한국, 캐나다 공통적으로 4.5m 이상이 더군요.

스텔스 신호등 문제를 도로관리 관공서에서는 인지하고 있는지 모르겠습니다. 이 현상은 단일로 형태에서 발생하니 이런 점을 고려하여 신호등을 설치해 주면 좋겠습니다. 소형차 운전석에서 제대로 보이는지 시험평가도 좀 해주시고….

아, 이런 것도 있지요. 삐뚤어진 신호등이 많습니다. 제가 사는 동네에도 한 군데 있는데 보름달과 반달의 중간으로 보입니다.

· 어떤 건 신호등면이 틀어진 것도 있고
· 어떤 건 신호등의 위치가 올바른지 의아한 곳도 있고
· 어떤 건 기둥 자체가 틀어져 도로 방향과 맞지 않아 보이는 곳도 있었습니다.

그리고 운전자가 착각하게 할 만한 신호등도 꽤 있지요. 측면을 가리던가 해서 해당 운전자 이외에는 보이게 않게 해야 할 텐데 말입니다.

이 교차로에선 신호등 A와 B가 함께 보입니다.

사진상으로는 A가 훨씬 잘 보이는데 현장에서는 둘 다 비슷합니다. '어떤 신호등이 내 신호등이지?' 하며 머리를 굴리다 A 신호등 바로 옆에 붙어 있는 안내문을 발견했습

니다. 담당 관공서에서도 이 사실을 인식하고 있긴 한가 봅니다. B 신호등을 A 쪽에서 보이지 않게 하는 건 기술이라기보다 꼼꼼함이라고 생각합니다.

신호등 설치, 이 또한 도로 이용자인 운전자 기준으로 해야 합니다.

도로이용 네트워크(www.srek.or.kr)

이런데서 사고 나면
누구 책임?
**정부에서
보상받자**

16

꼭꼭 숨었네,
가려진 표지판은 왜 설치해 놓았을까?

ㆍ

ㆍ

ㆍ

　한국 도로를 다니다 보면 나무나 풀 속에 가려져 있는 교통표지판을 흔히 보게 됩니다. 교통표지판은 운전자들에게 잘 보여야 정상일 텐데, 가로수나 풀 등에 꼭꼭 숨겨져 있지요. 10번 고속도로(남해고속도로) 시작점 부근을 서쪽으로 달리면 진행할수록 가려져 있던 표지판들이 튀어나오는 느낌이 듭니다. 마치 동남아시아 수풀 지대를 연상하게 합니다.

　한국 도로의 교통표지판은 구조적으로 가로수에 가려질 수밖에 없습니다. 차도 바로 옆으로 가로수를 쭈-욱 심어 놓았으니까요.

　다음 사진은 부산 해운대구 수영강변대로로 전형적인 한국 도로 구조를 보여주고 있습니다. 차도 다음 가로수, 그리고 인도. 차도 쪽으로 나뭇가지가 많이 나와 있습니다.

같은 도로의 여름철 모습입니다. 도로 오른쪽에 설치해 놓은 안내표지판들이 나무에 가려져 일부분만 보이고 있습니다.

다음 사진은 캐나다 토론토 인근의 미시사가시(市) 도로로 캐나다 도로의 전형적인 모습을 보여주고 있습니다. 차도 바로 옆은 대부분 빈 공간(뭐라고 부르는지 모르겠네요)이고 그 다음이 인도입니다.

출처 구글 맵

두 나라의 형식이 확연히 다릅니다. 한국의 경우 보행자의 안전을 위해 가로수를 차도 쪽으로 심은 것으로 유추되는데 그런 점에서 캐나다는 무심해 보이는군요. 아니면 인도로 돌진하는 차량이 캐나다엔 없다고 가정했든가….

캐나다 방식의 장점으로는, 숨어 있는 교통표지판이 있을 수 없기에 운전자에게 매우 편합니다.

도로 구조를 가만히 살펴보면 국토가 넓은 것과 관련이 없어 보이기도 합니다. 인도 공간을 포함한 전체 공간은 두 나라 모두 비슷하게 느껴집니다. 실제로 다녀보면 한국·중국 도로의 폭이 훨씬 넓더군요.

교통표지판과 숨바꼭질하길 원하는 운전자는 없습니다. 운전자에게 보여지지 않는 교통표지판은 설치 목적을 상실한 것과 같겠지요. 차도 안쪽으로 더 들여 설치하든가, 오버헤드식으로 하든가 현재의 방식을 수정해야 할 겁니다. 가지치기만으로는 근본적 문제가 해결되지 않겠지요.

관리담당 관공서에서는 이런 상식적인 기본 내용을 명심해야 하겠습니다.

그리고 도로 주변의 잔디·풀 관리를 제때에 하지 않는지 무성한 경우도 자주 보게 됩니다. 차로의 아스팔트까지 풀이 들어와 있기도 하던데 그렇게 두는 걸 보면 관리기준이 없는 것 같습니다.

캐나다나 미국의 도로를 다니다 보면 이런 장면을 자주 보게 됩니다.

출처 https://www.aacounty.org/departments/public-works/highways/road-maintenance/Roadside_Maintenance/roadside-mowing

차로 옆의 일정 공간까지 깔끔하게 정리가 되어 있다면 차폐되는 영역이 줄기에 안전도는 당연히 높아질 것입니다.

한국 도로관리기준은 어떤지 참 궁금합니다. 그리고 그 기준을 철저히 준수하고 있는지도 알고 싶군요.
보여야 할 안내표지판이 보이지 않은 상태에서 사고가 난다면 당연히 관리 관공서 책임이겠지요?

도로이용 네트워크(www.srek.or.kr)

이런데서 사고 나면
누구 책임?
**정부에서
보상받자**

17

고속도로 출구번호, 나라마다 다르군요

고속도로를 운전하던 어느 날, 한국 내비게이션은 출구번호를 말해주지 않는다는 걸 우연히 인식하게 되었습니다. 한국 운전자들은 출구번호를 거의 이용하지 않기에 그런가 봅니다. 아니면 내비게이션 제작회사에서 관심이 없다든가….

한국 고속도로의 출구번호 숫자가 아주 낮기에 어떤 방식인가 확인해 보니 일련번호 방식이더군요. 무심코 다녔었기에 그런 식으로 되어 있는지 몰랐었습니다. 캐나다는 대부분 거리 기준 방식이기에 고속도로를 달리다 보면 세 자릿수의 출구번호를 자주 봅니다.

이것도 다르구나 싶어 생각난 김에 각 국가별 출구번호 제도에 대해 알아봤습니다. 세 가지로 나뉘어지더군요.

· 일련번호 순서대로 1, 2, 3, 4… 로 부여하는 방식

· 기준점으로부터의 거리를 기준으로 부여하는 방식

· 아예 따지지 않는 방식

한국: 일련번호 방식. 표지판에 숫자만 표기하고 있습니다.

클로버잎형 입체교차로처럼 근접 출구가 있을 경우에는 A, B…로 구분합니다.

출처 네이버 지도 **NAVER**

미국: 거리(마일) 기준. 동부 쪽의 몇몇 주는 일련번호 방식을 써 왔는데 연방정부의 방침에 따라 거리 기준 방식으로 전환 중입니다. 이렇게 일련번호 방식을 쓰는 주에서는 새로운 출구가 생기면 알파벳을 뒤에 붙인다고 합니다. 대륙횡단(Inter State) 고속도로의 경우, 주(州) 경계를 기준으로 거리를 다시 잽니다. 새 주를 지날 때 0부터 다시 시작하는 방식입니다.

클로버잎형 입체교차로처럼 근접 출구가 있을 경우에는 A, B…로 구분합니다.

Exit Direction sign with E13-2 sign panel

출처 Wisconsin Manual on Uniform Traffic Control Devices

캐나다: 거리(km) 기준. 동부의 노바스코샤(Nova Scotia)주와 NL주는 일련번호 방식을 사용 중입니다.

클로버잎형 입체교차로처럼 근접 출구가 있을 경우 주마다 구분법이 조금 다른데,

· **온타리오주, 사스케처원주, BC주:** A, B를 추가 → 35A, 35B

· **퀘벡주:** 불어가 공용어이기에 동서남북(E, O, S, N)을 불어 기준으로 추가 → 35-O, 35-N

· **노바스코샤주:** 동서남북(N, E, S, W)을 추가 → 35N, 35W

이 이미지는 온타리오의 출구번호 표지로 286번 출구에 주유소가 있음을 알려줍니다.

출처 구글 맵

대만: 거리 기준

출처 The post 2005 Taiwan Freeway Exit Sign, TDBPC, CC BY-SA 3.0 Wikipedia

일본: 일련번호 순. 새로운 출구가 생기면 -1, -2 등을 추가하여 표시합니다.

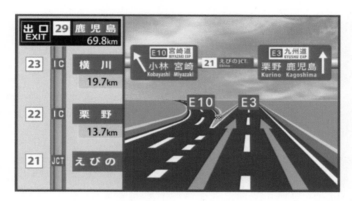

중국: 거리 기준. 미국과 다르게 성(省)과 무관하게 거리가 계속 누적됩니다. 이 사진의 경우, 누적 거리가 1,860km인 듯해 보이는군요.

호주 및 뉴질랜드: 거리 기준

영국: 일련번호 순

홍콩: 일련번호 순

체코, 헝가리, 슬로바키아: 거리 기준

프랑스, 벨기에, 네델란드를 포함한 여러 유럽 국가: 번호 미표시

방식별 장단점을 적어 봅니다.

· **일련번호 방식**: 순서를 알기 쉬운 장점이 있는 반면, 기존 교차로 사이에 새로운 입체교차로가 건설되면 번호가 복잡해지는 단점이 있습니다.

· **거리방식**: 순서를 설명하기 어려운 단점이 있고, 새로운 입체교차로 건설에 따른 번호 부여에 문제가 없습니다. 그리고 IC 번호 = 이정 거리이기 때문에 운전 중 참조하거나, 메시지를 전달할 때 편리합니다.

크게 보면, 아무래도 (유럽을 제외하고) 소국과 대국의 차이인 듯해 보입니다. 미국/캐나다의 경우에도 일련번호 방식을 사용해온 주들은 동부의 작은 주들임을 보면 땅덩어리가 넓은 곳과 좁은 곳 사이에는 확실한 차이가 느껴집니다. 대국은 먼 미래까지의 확장성을 고려할 수밖에 없어 보이기도 하군요. 어쨌든 이렇게 하든 저렇게 하든 출구번호를 표기함은 편리성을 증진시킬 겁니다. 이런 좋은 체계가 갖춰져 있으니 한국의 내비게이션 시스템에서도 적극적으로 활용했으면 좋겠습니다.

그리고 이런 출구번호 체계를 고속도로로만 제한하지 말고 일반국도나 시내 도로의 출구에도 쓰면 좋겠습니다. 한국에는 복잡한 구조의 교차로가 많으니 운전자가 쉽고 빠르게 인식할 수 있을 것입니다.

도로이용 네트워크(www.srek.or.kr)

18

속도제한,
도대체 어디서 시작되고
어디서 끝나는 거래유?

한국 도로를 다니다 보면 제한속도표지판을 엄청 자주 보게 됩니다. 얼마나 중요한지 속도표지판 여러 개를 나란히 걸어 놓은 곳이 아주 흔합니다.

어떤 곳은 눈앞에 제한속도표지판 4개와 노면 표시 2개, 총 6개가 한꺼번에 보이는 곳도 있더군요. 너무너무 중요해서 이렇게 많이 설치해 놓았나 봅니다.

운전자 입장에선, 눈에 잘 띄는 노란색 바탕의 큰 표지판 한 두 개면 충분해 보입니다.

어느 날 한문철TV 영상을 보았는데 그날의 사고는 속도와 관련이 있었습니다. 화면에 제한속도표지판이 나오고 있었고 그 표지에 비해 사고 당시의 속도가 낮았음에도 과속…. 뭐 이런 얘기가 나오더군요. 그러면서 한 변호사가 설명하기를, '표지판 설치지점을 통과하지 않은 상태이기에 과속이고, 속도제한은 그 표지판 설치점부터 시작된다'라고 하였습니다. 사고 지점의 제한속도는 달랐다는 거지요.

혼란스럽더군요. 오랫동안 한국에서 운전했지만 제한속도가 적용되는 시작점과 끝에 대해 자세히 본 적이 없었는데, 이게 뭔 소리인가? 그래서 검색하다가 경찰청에서 발간한 『교통안전표지 설치·관리 매뉴얼』을 보게 되었습니다.

그 매뉴얼에서는 이렇게 설명하고 있습니다.

5. 최고속도제한(224)

기 준

- 자동차의 최고속도를 제한하는 구역, 도로의 구간 또는 장소내의 필요한 지점에 설치하여야 한다.
- 차량 진행방향의 도로우측에 설치하는 것을 원칙으로 한다.

해설 최고속도제한 표지는 도로교통법 제17조(자동차 등의 속도) 제2항 "경찰청장(고속도로) 또는 지방경찰청장(고속도로를 제외한 도로)은 도로에서의 위험을 방지하고 교통의 안전과 원활한 소통을 확보하기 위하여 필요하다고 인정하는 때에는 구역 또는 구간을 지정하여 제1항의 규정에 의하여 정한 속도를 제한할 수 있다"와 제3항 "자동차 등의 운전자는 제1항 및 제2항의 규정에 의한 최고속도를 초과하거나 최저속도에 미달하여 운전하여서는 아니된다"에 명시되어 있다. 따라서 양호한 도로조건이나 교통상황에서 도로이용자가 규정속도 이상으로 속도를 내기 쉬운 곳에 설치하여 규정속도를 환기시키거나 규정속도 이하로 속도를 제한할 구간에 설치해야 한다. 설치위치는 제한하고자 하는 구역 또는 구간의 시작점에 설치하여야 한다. 최고속도 제한표지는 주의표지와 함께 사용해서는 안되며, 위해요소(공사중, 안개, 학교앞 등)를 알릴 필요가 있을 때에는 보조표지를 사용하여 나타낸다. 정해진 구역 또는 구간에 대해서 속도제한을 한 경우, 제한구역 또는 구간이 끝나는 지점에 규제를 해제해야 한다. 그 방법으로 규제가 끝난 최고속도 규제표지와 해제(427) 보조표지를 병설하거나 그 도로 본래의 최고속도 규제표지만 설치한다. 단, 속도를 제한한 구역 또는 구간이 30m 이내로 짧고 시작지점에 거리(402) 또는 구간(418, 419) 등의 보조표지를 함께 병설한 경우에는 해제(427) 보조표지를 생략한다.

※ 여기서 고속도로라 함은 고속국도를 말한다.

설치 위치는, '제한하고자 하는 구역 또는 구간의 시작점에 설치하여야 한다.' 그리고 '제한하고자 하는 구역 또는 구간이 긴 경우 중복하여 설치할 수 있으며…'라고 하고 있습니다.

또한 이런 설치 예시도가 실려 있습니다.

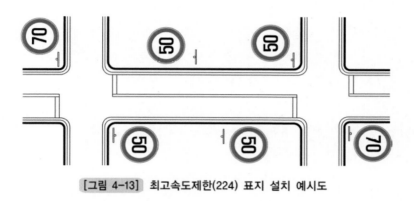

[그림 4-13] 최고속도제한(224) 표지 설치 예시도

왼쪽에서 오른쪽으로 진행한다면, 50이 처음 있는 곳부터 제한속도는 50이고 그 속도가 계속 유지되다가, 70이 처음 있는 곳부터 70이라는 거지요.

이 예시도를 보다가 궁금한 점이 생겼습니다. '길에 서서 도로를 쭈-욱 내려다보면 시작점과 끝나는 점을 식별할 수 있겠지만 고속으로 움직이는 운전자는 어떻게 알 수 있지?'

다음 그림의 상황에서, 화살표 방향으로 진행하고 있는 운전자가,

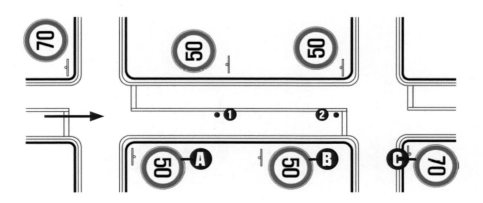

· 지점 1에 있다면 앞에 보고 있는 B 표지판 제한속도 50이 A에서 봤던 숫자와 같은 건지 다른 건지 어떻게 알 수 있을까요? 진행하면서 속도표지판의 숫자를 계속 비교하고 업데이트하며 다녀야 하는 걸까요?

· 지점 2에 도달해 전방의 C 표지판(70)을 봤다면 자신이 낼 수 있는 현재 최고속도는 얼마인지 어떻게 알 수 있을까요? 이번에도 기억과 비교해 제한속도가 아직 바뀌지 않았음을 알아차려야 하는 걸까요? (한문철TV에서 과속 운운했던 사고도 표지판 C의 제한속도를 지점 2에서 따른 게 아닌가 싶습니다.)

· 지점 2를 지난 후, 앞에 보이는 C 표지판이 70km/h 제한의 시작점에 설치된 표지판인지, 중간에 설치되어 있는 건지 어떻게 알 수 있을까요?

딱 보면 알 수 있어야 하는데 아주 불분명하고 어렵습니다. 역시 비행기 모는 게 훨씬 쉽습니다. 항공 시설은 명확하고 ICAO(국제민간항공기구) 기준을 전 세계적으로 따르니 국가 간 편차는 있지만 대동소이합니다.

일본 자료를 살펴보았습니다.

図例　異なった最高速度を指定する区間が連続する場合

出처 交通規制基準

일본의 속도제한표지판은 한국과 매우 비슷하게 생겼습니다. 하지만 일본은 속도제한의 '시작점'과 '끝나는 점'을 명확하게 알려주고 있습니다.

시작점과 종점 표시는 이렇습니다.

〈제한 시작〉　　　　　　　〈끝나는 지점〉

출처 Japanese road sign/Derestriction sign in Japan, Fry1989, Public Domain, Wikipedia

일본은 왼쪽 방향으로 진행하니, 앞 예시에서 위쪽으로 운전해 가며 제한속도를 확인해 보면,

- 30km/h 시작
- 30km/h 중간설치
- 40km/h 시작
- 40km/h 중간설치
- 40km/h 끝나는 점

이렇게 됩니다.

캐나다는 일본과 비슷하지만 더 명확합니다. 시작점을 아예 글자로 써 놓았습니다. '여기서부터 속도제한은 이렇다'라고 BEGINS 글자를 표시해 두었습니다. (설치도에서 Rb-2)

만약 아래 표지판을 보고 있다면 시작점과 끝나는 점 중간의 어디에 있다는 뜻입니다. (설치도에서 Rb-1) 최대(MAXIMUM)라고도 확실하게 써 놨으니 그냥 따르면 됩니다.

제한속도 변경이 일어나는 구간에는 MAXIMUM SPEED AHEAD 표지를 미리 세워 둡니다. (설치도에서 Rb-5).

이 표지판은 '저 앞부터 제한속도가 50이다'라고 알려주고 있습니다. 그리고 그 시작점에 도달하면 'BEGINS(시작)' 표지판(Rb-2)을 만나게 됩니다.

속도 변경이 일어나는 구간의 설치 예시입니다. 왼쪽에서 오른쪽으로 이동(빨간색으로 표시)한다면, 최대제한속도가 100km/h에서 70km/h로 그리고 70km/h에서 50km/h로 바뀌게 되고, 그 과정에서

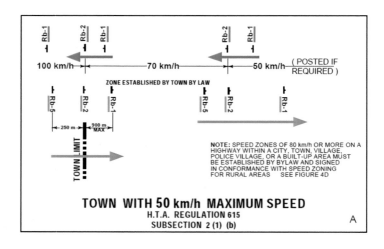

Ⅰ. AHEAD(Rb-5)

Ⅱ. BEGINS(Rb-2)

Ⅲ. MAX SPEED(Rb-1)

표지판을 순서대로 만나게 됩니다. 말로 풀이하면,

Ⅰ. 저 앞에서부터 제한속도가 바뀐다.

Ⅱ. 여기부터 제한속도는 이것

Ⅲ. 현재 제한속도는 이것

이 방식이 제일 명확합니다.

한국식 제한속도표지는 '대충' 모양만 갖춘 비논리형입니다. 그리고 무엇보다도 편리하지 않습니다. 도로를 다니다 보면 어떤 구간에는 '시작점, 끝나는 점'이 표시되어 있기도 합니다. 하지만 일부 구간에 한정되어 있으니 보편적이지 않습니다.

따라서 모든 시작점과, 모든 끝나는 점을 표시하도록 매뉴얼이 수정되어야 하겠고, 거기에 맞추어 제한속도표지판이 바뀌어야 하겠습니다.

제한속도 노면(길바닥) 표시도 재미있습니다.

경찰청에서 발간한 『교통노면표시 설치·관리 매뉴얼』에 따르면, 제한속도의 길바닥 표시는 교통안전표지(224, 최고속도제한표지판)와 함께 해야 한다고 나와 있으며 이렇게 설치 예시도가 실려 있습니다.

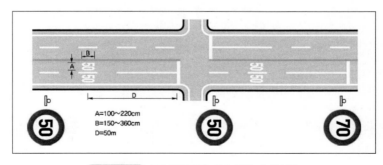

[그림 3-14] 속도제한(517) 표시 설치 예시도(1)

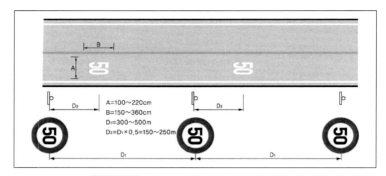

A=100~220cm
B=150~360cm
D₁=300~500m
D₂=D₁×0.5=150~250m

[그림 3-15] 속도제한(517) 표시 설치 예시도(2)

설치되어 있는 표지판 중간중간에 노면 제한속도 표시를 그려 놓고 있군요. 표지판 단독 설치의 경우 표지판 전방 50m에 노면표시를 한다라는 내용도 있습니다.

그런데 이 사진처럼 표지판 없이 노면표시만 되어 있는 경우도 있습니다.

화살표가 있는 걸로 보아, '쭉 가면 저 앞부터 제한속도가 80이 된다'라는 의미인지 도 모르겠습니다.

같은 매뉴얼에 따르면, 노면 표시는 "독자적 또는 교통안전표지와 신호기를 보완"한 다고 하지만 노면표시는 표지판과 병설해야 한다는 내용과 상충하고 있습니다. 상식적 으로 보아도 표지판이 있어야 하겠지요.

정말 헷갈립니다.

도로이용 네트워크(www.srek.or.kr)

19

누가 통행우선권을 갖고 있나?

한국 도로에는 통행우선 표시가 거의 없습니다. 물론 신호등이 없는 구간을 말합니다.

차량이 교행하는 경우 누가 우선인지 도로교통법 제26조에 나와 있습니다.

제26조(교통정리가 없는 교차로에서의 양보운전)

① 교통정리를 하고 있지 아니하는 교차로에 들어가려고 하는 차의 운전자는 이미 교차로에 들어가 있는 다른 차가 있을 때에는 그 차에 진로를 양보하여야 한다.

② 교통정리를 하고 있지 아니하는 교차로에 들어가려고 하는 차의 운전자는 그 차가 통행하고 있는 도로의 폭보다 교차하는 도로의 폭이 넓은 경우에는 서행하여야 하며, 폭이 넓은 도로로부터 교차로에 들어가려고 하는 다른 차가 있을 때에는 그 차에 진로를 양보하여야 한다.

③ 교통정리를 하고 있지 아니하는 교차로에 동시에 들어가려고 하는 차의 운전자는 우측도로의 차에 진로를 양보하여야 한다.

④ 교통정리를 하고 있지 아니하는 교차로에서 좌회전하려고 하는 차의 운전자는 그 교차로에서 직진하거나 우회전하려는 다른 차가 있을 때에는 그 차에 진로를 양보하여야 한다.

(전문개정 2011.6.8)

앞의 '일시정지' 글에서 언급했듯이 이 법규의 2항은 정말 난센스지요. 차에 항상 줄자를 비치하고, 필요하면 교차로 진입 전 차로 폭을 mm 단위까지 측정해야 할지 모릅니다. 야광조끼를 꼭 착용해야 하겠네요. 법규 문구를 곧이곧대로 따른다면 말입니다.

그런데 14번 국도의 나들목 같은 경우엔 어떻게 될까요?

사진은 김해 동서대로의 주촌교차로입니다. 교행하는 두 도로의 폭은 재어 보지 않았지만 편도 1차로라 동일한 것으로 간주합니다.

위 법규 3항을 따른다면 B 구간의 차량에 우선권이 있는 것 같네요. A 구간을 직진으로 본다면 4항에 따라 A 차량이 우선 통과해야 할 것 같습니다. 이렇다면 B 구간도 직진이라 할 수 있으니 말이 안 될 듯합니다.

캐나다 같으면 A 구간의 차량에 우선권이 있을 것 같습니다. 전문가가 아니기에 근거를 알 수 없지만 구조적으로 보아 B 구간의 차량이 일시정지하고 A 구간을 확인하는 게 더 논리적으로 보입니다. 이렇다면 C나 D에 일시정지 표지판을 설치해야 할 것이고 A 구간이 비었을 때 B 구간의 차량이 진행할 겁니다. 양보 표지가 어울릴 수도 있지만 일시정지 표지가 더 적합하다고 생각합니다.

그런데 14번 국도 주촌교차로와 부원교차로에는 통행 우선권에 대한 아무런 표시가 없습니다. 국도 14번 도로의 다른 교차로는 모르겠네요. 이 두 교차로만 이용해 보았습니다.

저는 이 램프를 처음 통과했을 때 간이 떨어지는 줄 알았습니다. B 구간에 있었는데, 전방 구조에 대한 아무런 표시가 없는 상태에서, 좌회전을 시작한 순간 A 구간 차량들이 쌩쌩 달려나와 아찔했었습니다. B 구간에서 A 구간을 식별하는 데 시간적 여유가 매우 짧습니다.

차량 접촉 등의 문제가 여기서 발생한다면 과연 도로교통법 26조의 내용은 어떻게 적용될까요? 저는 도무지 답을 모르겠습니다. 그저 사고가 나지 않게 최선을 다 하는 수밖에….

하지만 동선이 겹쳐 충돌 가능성이 있는 구조로 나들목을 만들어 놓고, 안내표지를 제대로 설치하지 않았기에 근본적 원인 제공자인 도로관리 관공서가 책임을 져야 한다고 생각합니다.

도로이용 네트워크(www.srek.or.kr)

20

과연 몇 년 앞을 내다보는 걸까?

600번 고속도로(부산순환외곽도로)에 대감분기점이 있습니다.

낙동강을 건너 서쪽으로 진행하다 보면 김해금관가야휴게소를 지나 이 표지판을 마주하게 됩니다.

1차로는 창원/김해, 2차로는 부산/대구라고 쓰여 있습니다. 그러면, 전방은 이럴 거라고 대부분의 운전자는 예상을 하겠지요.

두 개 차로로 진행하던 도로가 한 차로씩 찢어지며 갈라지는 1+1 형태입니다.

좀 더 진행하면 이런 표지판이 나옵니다.

이때까지만 해도 한 차로씩 갈라지는 게 맞는 듯합니다.

그런데 조금 더 진행하면 이런 표지판이 나옵니다.

아니, 그럼 뭘까요? 왜 창원을 1차로라고 써 놓았던 걸까요? 참 희한합니다. 더군다나 1·2차로의 지정차로표시 화살표는 '정 중앙 아래'를 가리키고 있지 않습니다.

그런데 이 도로를 몇 번 더 지나다 보니 부산/대구방면 55번 고속도로로 갈라져 나가는 구간이 심하게 막히는 경우를 보게 되었습니다. 1차로/2차로를 구분하여 표시해 놓았던 이유는, 55번으로 분기해 나가는 차량들의 정체로부터 창원/김해 차량을 도와주기 위해서, 그러니까 고객 편의를 위해 표기해 놓은 게 아닌가 추측이 되더군요.

그러면 이 시점에서 궁금증이 생기게 됩니다. 왜 55번 고속도로로 분기해 나가는 차량들은 정체하게 될까? 그것도 고속도로에서….

처음엔 '55번 고속도로 자체에 차량이 많기 때문에 연쇄반응으로 정체된 것이다'라고 생각했으나, 이는 어쩌면 틀릴 수도 있겠더군요. 이 분기도로의 구조를 살펴보고 나서 생각이 바뀌었습니다.

예전에 언급했던 102번 고속도로(남해제1고속지선)의 내서분기점처럼 대감분기점도 연속유출 2형(Type) 교차로입니다.

구 분	1	2	3	4
연속유출 DD				
연속유입 MM				
유입·유출 MD	W	(W)	W	(W)
유출·유입 DM				

주 1) W는 엇갈림을 의미, (W)는 엇갈림이 생길 수 있음을 의미
2) M은 합류, D는 분류

<그림 218.10> 접속단 결합의 분류

출처 도로설계편람

내서분기점과 다른 점은 첫 번째 갈라짐부터 두 번째 갈라짐 구간까지가 한 개 차로로 만들어져 있습니다.

이런 형태는 다른 분기점에서도 볼 수 있습니다. 45번 고속도로(중부내륙고속도로)의 낙동분기점도 마찬가지입니다.

교통량 예측을 잘못해서일까요? 저는 알지 못합니다. 그런데 뭔가 이상하고 편리하지 않다는 건 틀림없는 사실입니다.

캐나다나 미국을 다니다 보면 공간이 널찍하게 뚫려 있고 그 일부만 도로로 이용되는 경우를 자주 보게 됩니다. 미래를 위해 확충할 공간을 미리 정해 놓았고 현재는 그 일부만 사용하는 거지요. 한국에선 이런 경우를 보지 못했는데 먼 앞날을 고려하지 않는 듯합니다.

그로 인해 도로이용자인 운전자들이 애꿎게 불편을 겪고 있습니다.

도로이용 네트워크(www.srek.or.kr)

21

운전자와 보행자의 시야를
가로막는 조경수

한국 시내 안의 도로를 다니다 보면 차도와 인도 사이에 나무를 심어 놓은 곳을 자주 보게 됩니다. 가로수처럼 큰 키의 나무가 아니고 조경용인지 무슨 목적인지는 모르지만 성인의 허리 정도 높이의 나무가 많습니다. 이 사진처럼 말이지요.

횡단보도 부근에도 조경용 나무가 심어져 있는데 이런 조경수가 차량 운전자와 보행자의 안전에 얼마나 영향을 미치는지 도로관리 당국은 알고 있는지 모르겠습니다. 조경용 나무에 가려 보행자는 자동차가, 운전자는 보행자가 보이지 않는 경우가 있기 때문입니다.

사진의 장소는 김해시 연지공원 부근입니다. 횡단보도 바로 옆에서 찍었습니다.
물론 일시정지(STOP) 표지판은 없습니다.

　어느 날 이곳의 횡단보도를 건너려다 저와 차량 운전자 모두 엄청 놀랐던 적이 있었습니다. 서로 보이지 않았는데 그런 구조인 줄은 둘 다 인식하지 못했던 것이지요. 한국 도로의 또 다른 함정이었습니다. 횡단보도를 건널 때도 여기에 어떤 위험이 도사리고 있는지 하나하나 점검해 보고 다녀야 하겠더군요.

　여기는 캐나다 집 근처의 왕복 2차로 작은 길입니다. 시내 안 도로이지만 교차로 횡단보도 전/후에 운전자나 보행자의 시야를 막는 장애물은 존재하지 않습니다.

출처 구글 맵

도시를 설계하며 이러한 점을 고려함은 기본 중의 기본일 거라고 생각하는데 그런 내용이 한국 시가지 도로에도 적용이 되는 건지 아닌지 궁금합니다.

항공산업에서는 비행안전을 위해 CRM(Crew Resource Management) 개념을 도입해 운용하고 있습니다. 전 세계의 항공사 조종사는 반드시 이수해야 하는 교육·훈련 내용입니다. 매 운항마다 어떤 위험이 도사리고 있는지, 그리고 그걸 어떻게 인지하고, 어떻게 평가하며, 어떻게 극복할 것인지 등의 과정을 담고 있습니다. 초기에는 조종사로만 한정하여 시작했지만 점차적으로 범위가 확대되어 이제는 객실승무원, 정비사, 관제사 등 관련자 모두 협력하자는 개념으로 넓어졌습니다. 안전 운항을 위한 팀워크지요.

CRM의 기본 단계가 문제인식입니다. 어떤 위험이 도사리고 있는가? 위험요소를 Threat이라고 합니다. 한국 횡단보도를 건너는 단계에서도 CRM 개념을 적용해야겠습니다. 여긴 어떤 Threats이 존재하는지….

궁극적으로는 운전자도 참여하고, 보행자도 참여하고 도로관리 기관도 참여하여 모든 위험요소를 인지해 극복해 나가야 하겠습니다. 팀워크가 필요하겠네요!

도로이용 네트워크(www.srek.or.kr)

이런데서 사고 나면
누구 책임?
**정부에서
보상받자**

22

일본 도로 표지판 맛보기,
운전하기 너무 쉽겠다

    다음 사진은 유튜브에 게재되어 있는 일본 도로영상을 보며 캡처한 이미지들입니다. 한국 도로도 이처럼 개선이 되면 좋겠기에 실어봅니다. 일본 국도 1번, 4번, 19번의 모습이며, 화면 왼쪽상단의 OD는 기점으로부터의 거리를 나타냅니다.

    차로별 행선지 표지가 명확하게 되어 있군요. 노면에는 방향 표시만 되어 있고, 한국처럼 목적지를 노면에 써 놓지 않았습니다. 3, 4차로는 물리적으로 분리되나 봅니다. 신호등 앞에서 차선을 바꾸지 말라고 노란색으로 칠해 놓았네요.

차로별 지정표지를 육교에 붙여 놓았습니다. 설치비를 줄일 수 있기에 제가 좋아하는 방식입니다. 한국에서는 이런 식으로 하는 데가 거의 없지요.

왼쪽 차로는 유도색이 칠해져 있습니다. 한국처럼 유도선이 아니라 한 차로 전체에 칠해져 있습니다. 노면이 매우 깔끔하군요. 이곳의 이정표는 '가까운' 곳이 가장 위에 써 있습니다. 일본은 이처럼 가까운 곳이 맨 위에 있는 경우도 있고 먼 곳에 있는 경우도 있습니다.

왼쪽으로 분리되는 표지로 중간에 물리적 공간이 있어 보입니다. 여기도 육교에 설치해 놓았네요.

터널 안에도 표지판이 걸려 있습니다. 노면이 깨끗합니다.

차로별 방향표지가 확실합니다. 그런데 이곳의 차선 색상이 많이 닳았군요.

차로별로 방향과 행선지 표지가 함께 되어 있습니다.

여기도 차로별 방향과 행선지 표지가 함께 되어 있습니다. 차선변경 금지의 노란색이 칠해져 있군요.

왼쪽 차로(3차로)는 직진과 좌회전 2개로 갈라지나 봅니다.

1차로에서 우회전 차로가 갈라지는 표지판입니다.

2개 차로가 한 차로씩 갈라지는 표지판입니다. 캐나다 표지보다 명확하지는 않지만 한국보다는 좋군요. 분기점 앞의 차선은 짧은 점선입니다.

우회전 차로 전체에 색칠을 해 놓았습니다. 2차로는 직진과 좌회전. 노면은 깨끗합니다. 실선 화살표와 점선으로 된 화살표가 있는데 점선 화살표는 예보입니다.

노면이 아주 깨끗하군요.

여기도 육교를 활용했군요. 차선변경금지 노란선도 보입니다.

여기도 점선 화살표들이 보이고, 차로별로 방향과 목적지가 함께 표시되어 있습니다.

일본도 도로 평면도를 자주 걸어 놓습니다.

차로별 표지가 오버헤드식으로 되어 있어 식별하기 용이합니다.

1차로가 넓어지며 우회전 차로 2개가 생기나 봅니다.

이런 안내도 있군요. 신호등 위치와 방향 표시가 있습니다.

차로별로 방향과 목적지를 함께 안내하는 이용자 중심의 표지판이 매우 인상적입니다. 진행 방향용 화살표를 제외하고 길바닥(노면)은 깨끗하게 유지되고 있기도 합니다. 노면에 칠해 놓은 유도색도 이용자를 편하게 하겠군요.

이렇게 해 놓아서인지 일본에서 운전했을 때는 운전방향이 반대임에도 불구하고 어려웠던 기억이 별로 없습니다. 가장 헷갈렸던 건, 와이퍼와 깜빡이 조작이었네요. 좌측 운전석과 거꾸로 설치되어 있어 깜빡이를 켠다고 작동시키면 자꾸 와이퍼가 휙휙 돌아갔었지요.

※ 22장에 나온 모든 이미지의 출처는 유튜브 채널 'vzq03106'입니다.

도로이용 네트워크(www.srek.or.kr)

23

고속도로를 틀고 나가다가 충돌하겠어, 식은땀이 주루룩

인터넷 로드카페 회원 중 한 분이 부산외곽순환고속도로(도로번호 600번) 금정IC의 출퇴근 시간 정체가 심하다고 알려주셨습니다.

부산외곽순환고속도로를 여러 번 다녀봤지만 금정IC를 이용해본 적은 없어 네이버 지도로 살펴보았습니다. 그리고 깜짝 놀랐습니다. 이럴 수가⋯ 이게 고속도로 램프라니!

14번 국도의 나들목이 위험하다고 글을 쓴 적이 있었는데 그 구조와 100% 똑같습니다. 어떻게 고속도로 인터체인지를 이렇게 만들어 놓을 수가 있을까요?

금정IC의 모습입니다. 고속도로로 진입하는 차량 동선(빨간색)과 빠져나오는 차량 동선(녹색)이 겹쳐지는 구조입니다.

부산외곽순환고속도로를 서쪽으로 달리다가 금정IC로 나가기 위해 고속도로를 갈라져 나오면 이렇게 됩니다.

전방에서 차량 동선이 겹치게 된다는 어떤 주의 표지도 없습니다. 절대감속이라고만 써 놨군요.

조금 더 진행하면 이렇게 두 동선이 엇갈리게 됩니다.

고속도로로 진입하는 차량이 왼쪽에서 이쪽으로 달려오고 있는 게 보입니다. 교차로가 이럴 거라고 예상하지 못한 운전자는 식은땀이 주루룩 흐를 순간일 듯합니다.

앞 사진에서 빨간색 원으로 표시한 안내판은 오른쪽 차로로 들어가라는 안내판입니다. 크게 보면 이렇습니다.

고속도로에서 빠져나온 운전자에게, 전방에서 고속도로 진입차량과 동선이 겹쳐진다는 어떠한 주의·안내도 존재하지 않습니다.

고속도로로 진입하는 구간을 보겠습니다.

'교차로 구간'이라고 한쪽 옆에 써 놓긴 했습니다.

금정IC는 다이아몬드형 구조로, 동일한 구조의 IC가 꽤 있습니다. 강매IC, 서마산IC, 서종IC 등등. 서마산IC는 2+1 차로 동선이 겹치는 대단한 구조입니다. 캐나다와 미국 고속도로를 많이 다녔지만 이런 다이아몬드형 IC를 보았던 기억은 없습니다.

다이아몬드형 IC는 차량이 적을 때 적용될 수 있는 구조일 텐데 금정IC처럼 출퇴근 시간에 정체되는 구간에 과연 적합할까요?

금정IC는 건설 기획 단계에서부터 문제가 많았다고 합니다. 이용량이 낮을 것으로 판단하여 현재의 다이아몬드형 구조를 갖게 되었는데 개통하고 보니 수요 예측이 틀렸던 것이지요.

다이아몬드형 IC로 부득이 만들게 되었다면, 들어가고 나오는 서로 반대 방향의 차량이 마주할 수 있으니 그 상황을 경고하고, 누가 우선권을 갖고 있는지 명확하게 표시해 놓아야 하지만 현재는 없는 것과 마찬가지입니다.

표지판 설치도, 운전자의 눈에 확실하게 띄도록 오버헤드 방식에 노란색 또는 빨간색으로 해야 할 것입니다.

금정IC 구조에 대해 카페에 글을 게재하니 두 가지 의견으로 나뉘어졌습니다. 하나는, 저처럼 '이런 구조는 도로 이용자에게 편리하지 않은 구조이니 배제하여야 한다'라는 의견이고 다른 하나는, '이 정도를 위험하다고 느낀다면 운전면허를 반납해야 한다'라는 의견이었습니다. 사실, 운전 경력이 어느 정도 되는 운전자에게 금정IC와 같은 다이아몬드형이 그리 어려운 구조는 아닐 것입니다.

하지만 도로를 이용하는 운전자는 초보 운전자, 초행길 운전자, 연로한 운전자, 운전 감각이 떨어지는 운전자 등 다양한 부류가 있기에 이 모든 운전자를 충족시킬 수 있는 구조로 만들어야 함은 상식일 것입니다.

도로를 이용하는 모든 운전자를 고려하지 않은 한국 도로. 어쩌다 이용자 관점은 사라졌을까요? 그리고 이런 도로를 왜 만들까요?

그리고 이 구간에서 사고가 나면 누구 책임일까요? 대부분의 한국 운전자는 운전자 실책이라고 여길 듯합니다. 하지만 구조를 살펴보면 도로관리 관공서 책임일 것 같습니다.

참 많은 생각을 하게 만듭니다.

※ 23장에 나온 모든 이미지의 출처는 '네이버 지도' 입니다.

도로이용 네트워크(www.srek.or.kr)

24

멀쩡한 날 멀쩡한 운전자 잡을라,
어지러운 그루빙

한국 도로를 운전하며 다니다 보면 희한하게도 어지러움이 느껴지는 구간을 종종 만나게 됩니다. 처음엔 '내 컨디션이 안 좋나?'라고 여겼었는데 아무래도 이상하더군요. 머리가 빙빙 돌고 어떨 때는 토할 것 같은 느낌이 들기도 했습니다.

　　원인이 무엇인지 모르다가 도로에 세로 홈이 파여 있는 구간에서만 그런 것 같아 인터넷 검색을 해 보니 '도로 어지럼증'에 대한 글이 꽤 됨을 알게 되었습니다. 거기선 그루빙(Grooving)과 함께 타이닝(Tining)이란 용어가 소개되어 있었습니다.

　　그루빙, 조종사에겐 아주 익숙한 용어입니다.

　　조종사는 해마다 2번 정기교육을 받습니다. 전반기에 한 번, 후반기에 한 번. 어느 나라나 마찬가지지요. 전반기 교육은 보통 여름철 대비로 그중에 꼭 다루는 항목, 수막현상(Hydroplaning)이 있습니다.

　　수막현상은 활주로 표면에 고여 있는 물로 인하여 항공기 타이어가 활주로 표면과 직접 닿지 못하는 현상을 의미합니다. 그러면서 수막현상에는 원인에 따라 이런 3가지 종류가 있고,

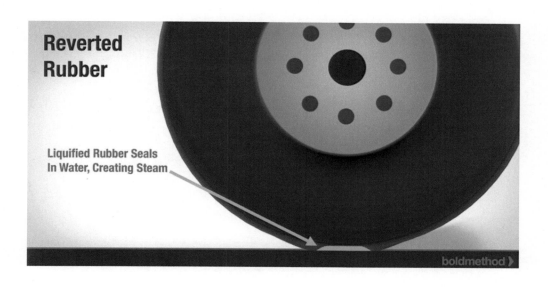

출처 boldmethod

활주로에 빗물이 고여 있는 상태에서 이·착륙하다 보면 수막현상으로 인해 항공기의 브레이크 성능과 방향 조절능력이 떨어지기에, 빗물이 고여 있는 활주로에서 운항할 경우 매우 주의를 기울여야 한다는 내용은 여름철 대비 교육에 꼭 들어갑니다. 그리고 수막현상을 줄여주는 그루빙에 대한 설명이 이어집니다.

활주로 표면의 배수 능력을 키워주는 홈파기, 그루빙. 조종사들의 바이블이라고 불리는 젭슨(Jeppesen) 차트 공항 페이지에 그 설비 여부가 실려 있습니다. 각국의 정부에서 발행하는 AIP 차트에도 나와 있지요.

다음은 인천국제공항의 AIP 차트 2-9 페이지로, 활주로 3개(15L/15R/33L/33R, 16/34) 모두에 그루빙 설비가 되어 있음을 보여줍니다.

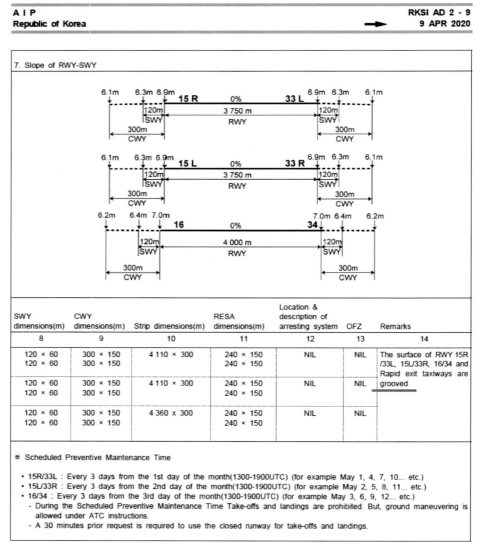

활주로 그루빙은 미국 우주항공국(NASA)에서 1960년대에 개발한 개념으로 젖어 있는 활주로에서의 착륙성능을 높이고 항공기의 미끄럼을 줄여주는 획기적인 아이디어였습니다. 스미소니언 박물관에는 NASA에서 그루빙 기술을 맨 처음 적용했던 활주로의 일부가 전시되어 있습니다. 특이하게도 홈이 삐뚤삐뚤하게 나 있더군요.

활주로의 그루빙은 항공기 진행방향과 직각으로 나 있습니다. 그런데 도로에는 진행방향과 동일하게 되어 있지요. 활주로 방식처럼 진행방향과 직각으로 할 경우 소음이 문제가 되기에 세로로 홈을 판다고 합니다.

연합뉴스 2016년 5월 25일자에는 그루빙 구간의 어지럼증에 대한 기사가 실려 있습니다.
"고속도로에서 세로 홈이 크게 파인 곳을 지날 때 차가 제멋대로 좌우로 왔다갔다 합니다. 이러다 죽을지도 모른다는 생각이…", "과속도 안 하는데 빙판에서 미끄러지는 느낌입니다.", "이런 현상을 모르고 커브길에서 속도를 냈다면 아마 차가 전복됐을 겁니다."라고 자동차 동호회 사이트에 올라왔었다고 합니다.

타이닝(Tining)이나 그루빙 모두 콘크리트 도로에 일정한 간격으로 홈을 내는 표면처리 방식으로, 타이닝은 굳지 않은 콘크리트 표면을 갈퀴 같은 도구로 긁어 홈을 만들고, 그루빙은 양성이 끝나 딱딱하게 굳은 콘크리트를 기계로 깎아 홈을 낸다고 합니다. 연합뉴스에 따르면, 그루빙은 비용이 많이 들기 때문에 국내에서는 타이닝 공법이 주로 쓰인다고 하는군요.

도로의 배수 능력을 높여주는 이런 도로 홈파기가 왜 어지럼증을 유발할까요?

국내에서 주로 적용하는 타이닝 공법의 경우, 선형과 홈의 간격, 깊이가 일정하지 않은 경우 쏠림현상이 일어날 수 있다고 합니다. 2010년도 국정감사에서 타이닝 시공불량에 따른 차량 쏠림현상을 점검했었고, 그 후 도로공사는 홈간격을 18~19mm로 규격화했지만 여전히 차량 쏠림현상은 나타나고 있지요.

다양한 패턴의 기능성 타이어가 쏟아지면서 차량 쏠림현상이 잦아졌다는 분석도 있다고 합니다. 타이어 접지면의 돌출 문양이 도로 홈과 맞물리면서 미끄러짐 현상이 일어난다는 거지요. 로드클럽 카페의 알터 님이 남겨주신 댓글에 더 자세한 내용이 있어 이를 옮겨봅니다.

"항공기 타이어야 종측 패턴만 존재하고, 그루빙은 횡측 패턴이므로 말씀하신 것처럼 그루빙으로 인한 악영향은 못 느끼셨을 겁니다. 그런데 고속도로 등에 적용된 그루빙이 종측 패턴이고 타이어 또한 원활한 배수를 위해 종측 패턴을 적용하는데, 고속도로 그루빙 간격이 20~60mm 수준에서 고속도로마다 각기 다른 간격으로 설치되어 있고, 타이어 또한 비슷한 간격으로 패턴이 새겨져 있지요. 저속에서야 이들 간격이 비슷한 게 문제가 없는데, 고속 주행 시에 타이어는 전면에서 접근하는 공기를 짓이겨 눌러가면서 전진합니다. 짓이겨진 공기가 레인 그루브와 타이어 좌우측을 통과하면서 타이어의 '화아아아'하는 소리를 내는 데 일조하구요. 시속 100km라면 타이어와 지면이 만나는 부근에 존재하는 공기를 27m/s의 속도로 압축시키는 건데 차가 무거워서 그렇지 그 힘이 생각보다 엄청나고 일부 양력이 발생한다고 보서도 됩니다.

그루브 패턴과 타이어 패턴 크기와 간격이 비슷하다 보니 두 패턴이 만나고/안 만나고에 따라서 짓이겨진 공기가 빠져나갈 틈이 계속해서 바뀌게 됩니다. 그리고 패턴이 왼쪽에서 만나는지, 오른쪽에서 만나는지도 다른데, 이때에 따라서 공기를 압축하면서 발생하는 반발력이 타이어에 가해지는 방향 또한 매번 바뀌고, 타이어가 좌우로 왔다갔다 하면서 어지럼증을 유발하는 것이죠.

이게 그루브 패턴과 타이어 패턴 모두 다양하다 보니 특정 구간에서만 문제가 생기거나 심각해지는데, 그루브 패턴을 크고 깊게 만들거나 횡방향으로 설치하지 않는 한 문제 해결이 어렵습니다."

연합뉴스 기사에 따르면, 도로교통연구원 관계자는 "원칙을 지켜 타이닝을 시공하고, 과속을 하지 않는 것이 사고를 막는 기본 원칙"이라며 "도로 기반 시설의 건설·관리를 맡는 기관과 차와 타이어를 생산하는 업체가 적극적으로 소통해 제품 생산에 반영해야 한다."라고 합니다.

타이어의 영향이 없진 않겠지만, 어떤 구간들은 지날 때마다 항상 어지럼증이 느껴지는 걸 보면(당연히 제한속도 이하이고, 다른 종류의 차량을 이용해도 마찬가지) 도로 건설·관리 쪽 비중이 훨씬 클 것으로 생각됩니다.

인간이 뭘 만들다 보면 잘못 만들 수도 있습니다. 일부러 잘못 만들 리는 없을 겁니다. 타이닝 구간이 어지럼증을 유발하는지 점검하려면, 차량이 주행할 수 있을 정도로 '거의' 완성된 단계여야 할 텐데 과연 그 단계에서 인지하게 된 경우 건설사나 감리기관, 발주처는 어떻게 하는지요? 재작업을 하겠지요?

그런데 어지럼증이 느껴지는 도로가 어떻게 버젓이 개통되어 이용자들은 그 도로를 달리며 어지러워해야만 하는 걸까요? 누가, 그리고 어떤 방식으로 준공검사를 하는 걸까요?

타이닝 구간에서 어지러워하다가 사고가 난다면 원인 규명을 할 수 있고 책임과 보상을 요구할 수 있을까요?

참 궁금해집니다.

운전자를 어지럽게 만드는 이상한 타이닝. 멀쩡한 날 멀쩡한 운전자 잡겠습니다.

도로이용 네트워크(www.srek.or.kr)

이런데서 사고 나면
누구 책임?
정부에서
보상받자

25

이 서울하고 저 서울하고 다른 겨?
가가 간 게 확실혀?

인터넷 카페 회원 중 한 분이 언급해 주셨던 제2자유로 부근의 도로 안내표지판을 보고 이산포 분기점의 표지판이 떠올랐습니다. 지난 여름 이산포를 지나는데 '저게 뭐야'라며 당혹스럽고 헷갈렸던 기억이 있었기 때문입니다.

이산포는 경기도 일산 인근의 한강변 교차로로, 자유로와 연결됩니다.

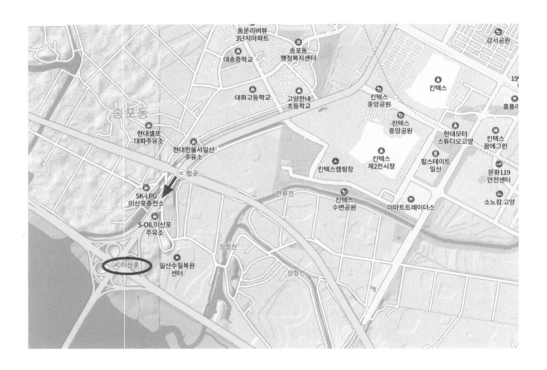

지도에서 빨간색으로 표시한 방향으로 진행하면 이런 표지판을 만나게 됩니다. 전형적인 한국식 평면도형 달구지용 방향 안내판입니다.

비가 오는 날이었는데 표지판을 보니 왼쪽으로 가도 '서울', 오른쪽으로 가도 '서울'입니다. 제가 아는 서울은 왼쪽에 있는 건데, 오른쪽의 서울은 웬 서울일까요? 서로 완전히 반대 방향을 가리키고 있습니다. 일단 카카오맵에서 오른쪽으로 가라고 하니까 오른쪽으로 가 봅니다.

일산에서 살다가 꼭 20년 전에 떠났었는데 그 당시에는 일산대교가 없었고, 이산포에서 자유로를 통해 서울로 가는 방법은 '한 가지' 뿐이었습니다.

비가 오는 날, 정말 헷갈리더군요. 인터체인지가 어떻게 생겼건 간에 서울로 가려면 왼쪽 서울과 오른쪽 서울 중에서 어떤 서울을 택해야 하는지 빛의 속도로 머리를 굴려 봅니다. 경상도 말로 '갸가 걘 지' 체크해 봅니다.

위 사진의 저 뒤편에 보이듯이, 이 표지판을 지나 조금 더 가면 표지판 하나가 더 나오는데 이것도 당연히 한국식입니다. 내용·형태가 둘 다 똑같습니다. 달구지용 표지판 하나 더…!

출처 네이버 지도 ☁ **NAVER**

도대체 분기점 진입 직전까지 운전자는 저 평면도를 왜 알아야 할까요? 길빠짐(Turn-off) 지점이면 '여기로 빠지시오'라고 해 놓으면 될 텐데 말입니다.

오버헤드 빔 2개 정도를 설치해 놓고 거기에 지정차로 표시를 해 놓으면 운전자에겐 최고일 텐데요.

· 1차로/2차로: 인천/김포

· 3차로: 서울

· 4차로: 서울

· 5차로: 파주/임진각

이렇게 해 놓으면 이 서울이 저 서울인지 헷갈리지 않겠지요. 중학교 2학년생 정도만 되도 알 수 있는 내용일 텐데 도로담당 기관은 어렵고 복잡하고 당혹스럽게 만들어 놓았습니다. 아니면 저희 어머니처럼 치매에 걸리지 말라고 이용자들 머리를 쓰게 만드는 차원일 수도 있겠네요. 따뜻한 마음 고맙기도 합니다.

차량들이 자유스럽게 달리는 '자유로' 전방에 설치되어 있는 달구지용 표지판. 차량 속도가 얼마나 되고 두 개의 서울로 인해 운전자들이 헷갈리지는 않는지 고려는 하고 만들었을까 궁금해집니다.

'도로표지 제작·설치 및 관리지침'의 내용부터 운전자 친화적으로 수정하고 거기에 맞추어 도로 이용자에게 편리하도록 표지판을 바꿔야 하겠습니다. 지금의 표지판은 운전자를 헷갈리게 만들고 있습니다.

이런 부분에 대해서 도로관리 관공서에서는 책임을 당연히 지고 있겠지요?

도로이용 네트워크(www.srek.or.kr)

이런데서 사고 나면
누구 책임?
정부에서
보상받자

26

제 맘대로인 차선,
과연 기준이 있는 거고
그 기준을 따르고 있는 걸까?

한국 도로를 다니다 보면 차선이 일괄적이지 않음을 알게 됩니다.

틀림없이 차선에 관한 규정이 존재할 텐데 같은 상황임에도 제각각인 경우가 아주 흔합니다. 이런 느낌을 캐나다나 미국에서는 받지 못했습니다. 일본도 마찬가지고요.

일본에서 차선 그리는 작업을 본 적이 있었는데 작업자 여러 명이 줄자와 각도기처럼 생긴 도구를 들고 도로에 마킹을 하며 도색하더군요. 꼭 공고 다닐 때 했었던 기계 제도를 노면에 하는 듯했습니다. 그 꼼꼼함이 충격적이었습니다.

한국 도로의 중앙선이 기준과 다른지는 잘 모르겠습니다. 실선이니 다름을 알아채기 어렵겠지요. 그런데 점선은 눈에 잘 띕니다. 도로가 합쳐지거나 분기되는 부분도 마찬가지입니다.

검색해 보니, 경찰청에서 발간한『교통노면표시 설치·관리 매뉴얼』을 찾을 수 있었습니다. 이 매뉴얼의 15페이지에 〈표 2-1 선의 종류 및 규격〉이 실려 있습니다.

제2장 노면표시의 설치기준

〈표 2-1〉 선의 종류 및 규격

(단위: cm)

선의 종류		구 분	도로교통법 시행규칙	표 준		
				도시지역 도로	지방 지역도로	자동차 전용도로 (고속도로)
중앙선	점 선	도색길이(L_1)	300	300	300	300
		빈길이(L_2)	300	300	300	300
		너비(W)	15~20	15~20	15~20	15~20
	실 선	너비(W)	15~20	15~20	15~20	15~20
	복 선	너비(W)	10~15	10~15	10~15	10~15
		간격(S)	10~15	10~15	10~15	10~15
차 선	실 선	너비(W)	10~15	10~15	10~15	10~15
	점 선	도색길이(L_1)	300~1,000	300	500	1,000
		빈길이(L_2)	(1~2) L1	500	800	1,000
		너비(W)	10~15	10~15	10~15	10~15
길가장자 리구역선	실 선	너비(W)	15~20	15~20	15~20	15~20

점선 부분을 보면 L1은 도색 길이, L2는 빈 길이라고 되어 있는데 13 페이지에 실려 있는 그림이 더 이해하기 쉽습니다.

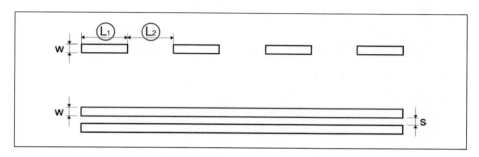

[그림 2-1] 선의 종류별 구성

일본 기준은 어떤지 살펴보았습니다.

(単位：メートル)

区　　　　　分		標識令の規定	基	準	
			①市街地	②非市街地及び自動車専用道路(③を除く)	③高速自動車国道及びこれに準じる高規格の道路
車両通行帯境界線	ペイント等による場合	l_1(長さ)	3〜10	6	6	8
		l_2(間隔)	$l_1×1〜2$	9	9	12
		t(幅)	0.10〜0.15	0.10〜0.15	0.15	0.15
	道路鋲等による場合	間　隔	1〜5	5	5	5
車両通行帯最外側線	ペイント等による場合	t(幅)	0.10〜0.20	0.15	0.15	0.20

注1　車両通行帯境界線及び車両通行帯最外側線は、原則としてペイント等を用いるもの

한국 기준표의 L2 부분을 보면 (1~2) L1이란 내용이 있는데 이게 무슨 뜻인지 이해되지 않았습니다. 혹시, 일본 기준표 L2 옆에 있는 L1 X 1~2를 의미하는 건지 모르겠습니다. L1의 1~2배겠지요?

속리산 부근의 화서휴게소 앞 고속도로 차선 길이를 재어 보았습니다. 고속도로이니 기준표준은 L1, L2 각각 10m입니다.

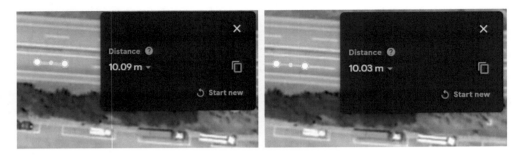

모두 10m로 기준과 일치합니다.

경기도 고양시 자유로입니다. 자동차 전용도로로 분류될 듯합니다. 차선 긋기 기준이 무엇이었는지 궁금해집니다.

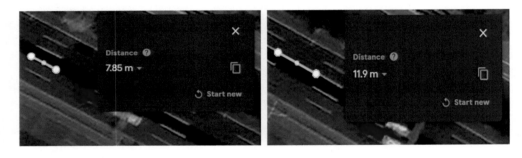

서울 올림픽대로입니다. 여기도 자용차 전용도로겠지요? 이 구간도 기준이 궁금해집니다.

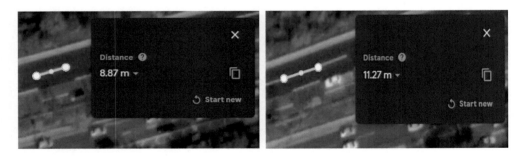

경남 김해시 선천로로 도시지역입니다. 도시지역 L2는 5m가 최소일 듯한데요.

충북 옥천군의 한 도로입니다. 여기는 L1, L2 개념을 알고 차선을 그렸다고 도무지 믿어지지 않습니다. 차선에 대한 준공검사는 과연 하는 걸까 의아해집니다.

캐나다 OTM(Ontario Traffic Manual)에 실려 있는 차선 예입니다.

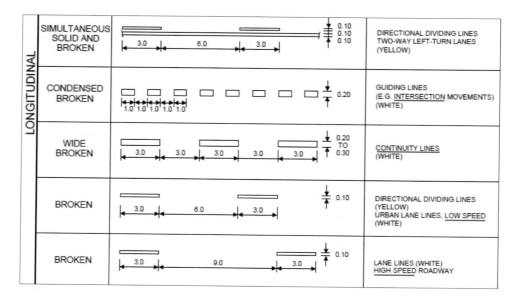

LONGITUDINAL	SIMULTANEOUS SOLID AND BROKEN	(3.0 / 6.0 / 3.0)	0.10 / 0.10 / 0.10	DIRECTIONAL DIVIDING LINES TWO-WAY LEFT-TURN LANES (YELLOW)
	CONDENSED BROKEN	(1.0 1.0 1.0 1.0 1.0)	0.20	GUIDING LINES (E.G. INTERSECTION MOVEMENTS) (WHITE)
	WIDE BROKEN	(3.0 / 3.0 / 3.0 / 3.0 / 3.0)	0.20 TO 0.30	CONTINUITY LINES (WHITE)
	BROKEN	(3.0 / 6.0 / 3.0)	0.10	DIRECTIONAL DIVIDING LINES (YELLOW) URBAN LANE LINES, LOW SPEED (WHITE)
	BROKEN	(3.0 / 9.0 / 3.0)	0.10	LANE LINES (WHITE) HIGH SPEED ROADWAY

온타리오주 도로에서 L1은 모두 3m로 되어 있군요. 저속이냐 고속이냐에 따라 간격
(L2)만 달라지고 있습니다. 그래서 캐나다에서 다닐 때는 차선이 다 비슷해 보였나 봅
니다. 캐나다 도로의 L1, L2를 재어 보니 편차가 나기도 하지만 대부분 기준과 같거나
거의 같았습니다.

한국 도로 차선과 캐나다·미국 도로 차선의 가장 큰 차이는 아마도 CONTINUITY
LINE(컨티뉴어티 라인)인 것 같습니다. 온타리오주 운전교본에 나오는 다음 그림은
Continuity Line이 어떤 역할을 하는지 보여주고 있습니다.

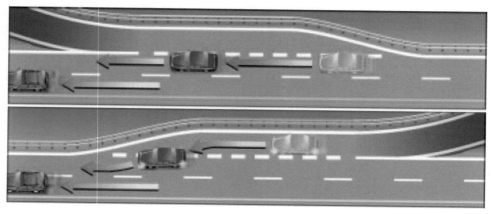

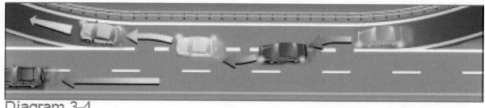

Diagram 3-4

　　Continuity라는 단어는 연속 또는 지속을 의미하는데 이 구간의 차선을 왜 그렇게 부르는지 모르겠습니다. 한국어 명칭으로는 '진로변경구간 차선'이 적합하지 않을까 싶습니다. OTM에 실려 있는 Continuity Line의 예시입니다.

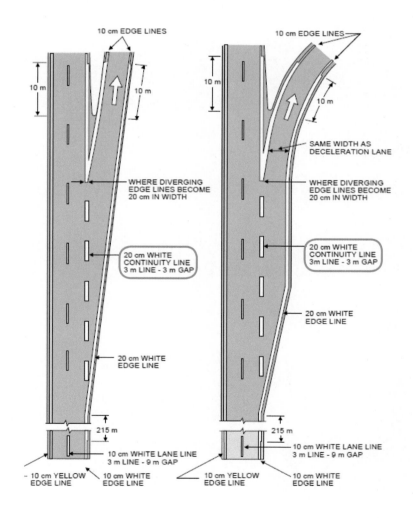

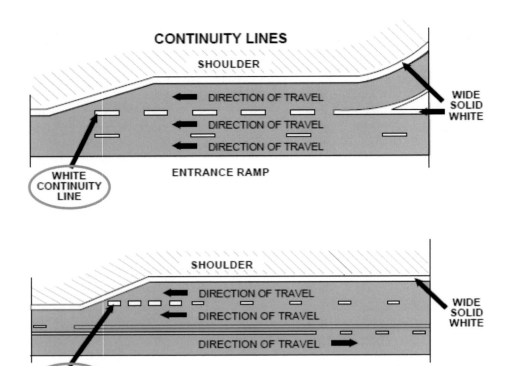

캐나다에서는 Continuity Line으로 정의될 구간의 차선을 한국에서는 이렇게 하더군요. 같은 구간인데 지금까지 서로 다른 5가지 차선을 보았습니다. 『도로설계편람』과 경찰청 매뉴얼에 나오는 그림을 옆에 실었습니다.

1. 실선+점선

2. 실선+점선(점선의 두께가 다름)

3. 정상 점선

4. 점선 두 쌍

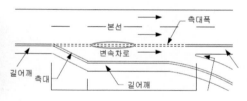

5. 굵고 짧은 점선

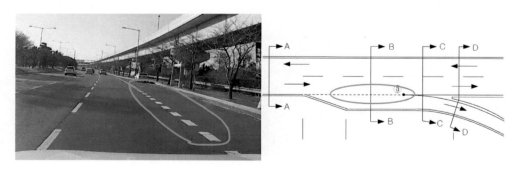

동일한 역할을 하는데 왜 차선의 형태가 이렇게나 다른지 모르겠습니다. 기준이 단일화되어 있는 건지 아주 궁금해집니다.

캐나다 시내 안의 도로 모습으로 고속도로와 동일한 Continuity Line입니다. 운전자 관점에서 보면 다를 이유가 없습니다.

출처 구글 맵

온타리오주에서 아주 드문 클로버잎형 인터체인지입니다. 집에서 얼마 안 되는 곳에 있는데 엇갈림(weaving) 경험을 한 유일한 곳이 아닌가 싶습니다. 여기에도 Continuity Line 이 그려져 있습니다.

출처 구글 맵

충북 청주공항 부근에 있는 한 클로버잎형 교차로입니다. 한 입체교차로에 같은 역할을 하는 다른 모양의 차선 3가지가 존재합니다.

1: Continuity Line과 같아 보입니다.
2: 안쪽 차로로 진입하는 진로변경제한선
3: IC로 빠져나갈 수 있는 진로변경제한선

참 복잡합니다. 한국식은 운전자에게 워크로드를 높게 만들고 있습니다. 운전자 입장에서 보면 그 역할이 다 똑같은 건데…. 물론 (지형적인 이유 등으로 인해) 한쪽 방향으로만 차선변경을 할 수 있는 구간이 있긴 하겠지요.

점선만으로 되어 있는지, 이 점선은 저 앞에서 그냥 사라지고 마는 것인지, 아니면 정상 차선인지…. 실선·점선 복합 구간에서 점선이 어느 쪽에 있는지 확인해야 하는 등 확인할 게 참 많습니다.

여러 나라에서 살아봤지만 한국식 차선을 다른 나라에서 본 기억이 없습니다.

도로가 갈라지는 구간은 차선만 보아도 '전방에 변화가 있구나'라고 예상할 수 있어야 할 텐데 이 또한 한국 도로에서는 이랬다저랬다 합니다.

다음은 미국 고속도로의 차선 예입니다. 갈라지는 구간에는 촘촘한 점선이 그려져 있습니다. 온타리오주의 Continuity Line와 동일한 개념이군요.

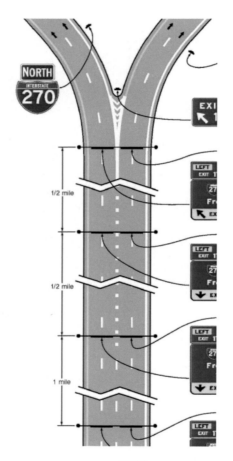

출처 Wisconsin Manual on Uniform Traffic Control Devices

여기는 25번 고속도로 논산분기점입니다. 갈라짐 점선은 아예 없고 정상 점선을 하고 있습니다.

　그리고 이런 곳도 있군요. 분기되는 곳이라 주의하라고 해 놓은 거라면 왜 여기만 이런 건지 모르겠네요.

위에서 예로 들은 미국식처럼 해 놓으면 확실할 텐데요.

미국의 경우 주마다 다르긴 하지만 대부분 캐나다 개념과 유사했습니다. 그중에서 (제 경험 기준으로 하면) 온타리오식 CONTINUITY LINE이 전방 상황을 인식하기가 가장 좋았습니다.

차선을 특이하게 그어 놓은 곳들이 눈에 띄더군요.

여기는 경기도 성남의 한 도로로, 630m쯤 되는 구간인데 안쪽 차선으로 들어갈 수 있는 구간이 73% 정도, 바깥 차선으로 나갈 수 있는 구간을 그 나머지로 나누어 진로변경제한선을 그려 놓았습니다. 빨간색 지그재그선이 그 경계입니다.

출처 네이버 지도 ▶ NAVER

여기서 2차로에 있던 차량이 4차로로 빠져나가려면 식은땀 좀 흘릴 듯합니다. 160m 정도 되는 구간에서 두 차선을 이동해야 합니다. 그래도 55번 고속도로 부산 대저분기점 엇갈림 구간보다는 낫긴 하네요.

여기는 짧은 구간임에도 진출·진입 진로변경제한선을 구분하여 그려 놓았습니다. 길을 빠져나가려면 진짜로 저 짧은 점선 구간으로만 통과해야 할까요?

캐나다식이라면 그냥 Continuity Line 점선일 구간이었을 텐데 이렇게 지키지도 못할 차선을 그려 놓는 이유가 무엇인지 모르겠습니다.

교차로 구간에 회전유도선(명칭이 맞나 모르겠네요)이 그려져 있는 곳이 참 많은데 그건 누가, 어떤 식으로 그리는지 자동차 동선과 너무나 동떨어지게 해 놓은 곳이 많습니다. 녹색이나 분홍색으로 칠한 유도선도 마찬가지입니다.
그 선을 따라 운전하기도 까다롭습니다. 핸들을 꺾었다 풀었다 다시 꺾었다 풀었다. 에휴….

다음은 서울 송파구 복정역 사거리입니다. 성남 쪽에서 북쪽으로 진행하다 유도선을 따라 좌회전하면 이 사진처럼 됩니다.
1차로에 있었는데, 유도선을 따라가면 3차로로 들어갑니다. 참 희한하지요. 무슨 의미가 담겨 있는 건지 모르겠습니다. 1차로에 있던 운전자는, 좌회전한 후에도 1차로에 있을 거라 예상하는 게 상식일 텐데요.

여기는 김해시 연지공원 옆 김해대로입니다.

남쪽방향으로 진행하다 보면 교차로 전과 후의 차선이 맞지 않아 차량 동선이 꼬이는 구간입니다. 분홍색 유도선을 그려 놓긴 했지만 별로 도움이 되지 않습니다. 차량 동선을 고려하여 제대로 차선을 그려 놓았어야 할 텐데 초행 운전자들이 섬찟해 하는 곳입니다.

한국에선 차선 그리기가 항공공학보다 어려운가 봅니다. 참 신기합니다.

진로변경제한선은 실선과 점선으로 이루어져 있고 그 간격이 정해져 있습니다.

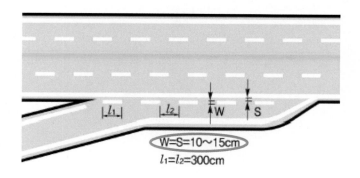

그런데 이런 도로도 있습니다. 줄자로 잴 필요도 없이 맨눈으로 봐도 실선과 점선 사이의 간격은 기준치인 10~15cm를 넘고 있습니다.

이걸 진로변경제한선이라고 해야 할까요? 구간을 보면 그런 것 같은데 차선만 본다면 무슨 차선인지 모르겠습니다.

이렇게 비교해 보니, 차선도 한국식이 훨씬 복잡합니다. 그리고 기준이 명확하게 설정되어 있는 건지, 그리고 그 기준에 따라 그어지고 있는 건지 미지수이기도 합니다.

차선은 운전자의 편의를 돕기 위해 그려 놓는 것일 텐데, 위에서 살펴보았듯이 왜 제각각일까요? 설계, 시공, 감수, 관리 과정에서 도로관리 관공서는 무슨 역할을 하는 걸까요?

정확하게 차선을 그려 놓아야 운전자는 안전하게 시설을 이용할 수 있으련만 한국 도로의 차선은 운전자를 헷갈리게 만들고 있습니다.

도로이용 네트워크(www.srek.or.kr)

27

회전교차로,
설계지침과 너무 다른데?

언젠가부터 한국 도로에서 회전교차로(Roundabout)를 자주 만나게 됩니다.

아랍 에미리트(UAE)에서 지낼 때 하루에도 몇십 번씩 겪었었지요. 처음 회전교차로를 지날 때 몸이 빙빙 돌아 기분이 희한했었습니다. 뒷자리에 타고 있을 때 특히 그렇지요.

UAE에는 2차로, 3차로짜리 회전교차로가 많이 있었고 두바이의 경우 신호등이 있는 회전교차로도 있었습니다. 캐나다나 미국의 시골길 같은 데도 가끔 회전교차로가 있는데 이용에 아무런 불편이 없었습니다.

그런데 한국 회전교차로를 이용해 보니 뭔가 이상했습니다.

한국에는 주로 1차로, 2차로짜리 회전교차로가 있더군요.

1차로형 회전교차로는 이게 왜 이렇지 할 정도로 이상한 곳이 많았습니다.

맨 가운데 둥그런 '교통섬'이 있어야 할 텐데 교통섬이 없는 곳도 있었습니다. 그러다 보니 회전교차로에서 원을 그리며 움직이지 않고 그냥 직선으로 진행하게 되더군요.

장소도 그렇습니다. 회전교차로를 해 놓지 않아도 될 곳에 억지로 꾸겨 넣어 맞춘 느낌이랄까요? 이런 곳에 왜 이런 걸 이렇게 만들어 놨지?

가장 문제는 2차로형 회전교차로입니다.

다음은 국토교통부에서 만든 '회전교차로 설계지침(2014)'에 실려 있는 2차로형 회전교차로입니다.

3.1 2차로형 회전교차로(4지 교차로)

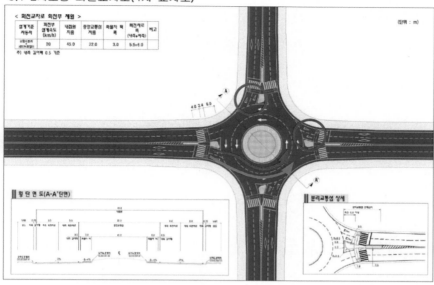

도면상으로 보면, 아랍 에미리트에서 수없이 경험했던 가장 전형적인 회전교차로와 똑같습니다. 1차로에 있던 차량이 빨간색 동선처럼 회전교차로 안쪽 차로를 이용해 12시 방향 직진, 9시 방향, 6시 방향으로 진행할 수 있습니다. 2차로에 있던 차량은 녹색 동선을 따라 3시 방향 또는 12시 방향, 9시 방향으로 진행할 수 있겠지요.

그런데 실제로 한국 도로에 설치되어 있는 회전교차로와 설계지침은 많이 다릅니다.

오른쪽 사진은 강원도 평창 횡계에 있는 회전교차로입니다.

출처 네이버 지도 **NAVER**

2개 차로로 회전교차로에 진입하는 걸 보면 '2차로형' 회전교차로입니다.

여기선 회전교차로 진입 직전, 1차로와 2차로로 방향이 구분됩니다. 그 중간에 빨간색 화살표로 표시된 교통섬이 있습니다. 그리고 2차로형 회전교차로 설계지침의 도면에 비해 회전교차로 안, 그러니까 원형 부분은 폭이 좁고 한 개 차로로 되어 있습니다.

또한, 2차로에 있던 차량은 반드시 1시 방향으로 나가야 합니다. 진입하는 도로는 두 개의 차로였지만 회전교차로 안은 1차로형과 매우 유사합니다.

결국, 횡성의 회전교차로는 2차로형 회전교차로 기본 원리와 맞지 않다고 보아야 할 듯합니다. 그렇다고 해서, 회전교차로 진입 전에 1차로는 어떻고, 2차로는 어떻고 하며 '차로별'로 안내하지 않습니다.

전형적인 한국식 달구지형 표지판이 설치되어 있군요.

출처 네이버 지도 🔵 NAVER

도로를 이렇게 만들어 놓고 애꿎은 운전자만 헷갈리게 만들어 놓았습니다. 원칙을 지켰다면 전혀 필요하지 않았을 교통봉만 엄청 박아 놓았습니다.

국토부에서 발행한 설계지침과 실제 현장이 왜 서로 다른지 참 희한합니다. 국토부 자료를 실제 도로설계에서는 반영하지 않는구나 라고밖에 유추할 수 없겠지요.

캐나다 집 근처에 있는 회전교차로 사진입니다. 1차로형인데, 횡계의 회전교차로에서 원하던 바가 바로 이 형태가 아닌가 여겨집니다. 1차로형임에도 횡계 것보다 효율이 높아 보입니다.

출처 구글 맵

이 회전교차로를 만들어 놓고 나서, 시(市)에서 회전교차로 사용방법을 게시해 놓았었습니다. 물론 회전교차로 진입 전이었고 참 꼼꼼히도 써놓아 지날 때마다 재밌다고 했던 기억이 나는군요.

그리고 보니 상당히 많은 한국 운전자들은 회전교차로 이용방법을 모르는 듯합니다.
회전교차로 안에서 진행하고 있는 차량에 우선권이 있음에도 불구하고 막무가내로 밀고 들어오는 운전자를 자주 보게 됩니다. 그러다 사고가 나면 전적으로 자신의 책임일 텐데… 그리고 회전교차로를 빠져나갈 때는 깜빡이 신호를 켜서 타 운전자들에게 알려야 하는데 그냥들 다니더군요.

앞에서 언급했듯이 한국 회전교차로의 불완전한 형식과 무개념 운전자가 더해져 회전교차로는 운전자에게 스트레스를 주는 또다른 공간이 되고 있습니다.

도로이용 네트워크(www.srek.or.kr)

28

오른쪽으로 갈라지는 도로는
오른쪽에서 빠져야 하지 않을까?

상나전 교차로라는 곳이 있습니다.

600번 도로인 부산외곽순환고속도로를 타다가 광재 인터체인지에서 빠져나와 60번 지방도를 서쪽으로 달리면 상나전 교차로에 다다르게 됩니다.

출처 네이버 지도 ⊜ NAVER

T자 모습의 교차로로, 60번 지방도와 남-북 방향의 생림대로가 만나는 곳입니다. 60번 도로를 서쪽으로 달려왔다면, 생림대로에서

· 남쪽으로 가거나

· 북쪽으로 가는

2개 방향이 존재하게 됩니다.

상나전 교차로에서는 방향별로 차로가 하나씩 갈라져, 한 차로는 북쪽 방향, 다른 차로는 남쪽 방향으로 진행하는 구조로 되어 있습니다. 다음 사진처럼 말이지요. 2개 차로의 도로가 1+1으로 갈라집니다.

빨간색=남쪽행(김해/부산행), 녹색=북쪽행(밀양/삼랑진행)

그런데 다녀보면 동선이 뭔가 이상합니다.

일반적 도로에서 보면 북쪽행(밀양/삼랑진) 차로가 주도로에서 오른쪽으로 갈라져 나가는 게 보편적일 겁니다. 상식적으로 봐도 오른쪽으로 향할 도로는 오른쪽에서 갈라져야겠지요. 그래야 구조가 단순해지기도 하겠고요.

그런데 여기는 거꾸로입니다. 왼쪽으로 방향을 틀게 되는, 그러니까 남쪽행(김해/부산) 차로가 오른쪽 차로입니다.

2차로를 북행으로 지정했다면 일반 상식과 동선이 일치하게 될 텐데 여기서는 왜 이런 구조로 만들었나 모르겠습니다.

물론 이렇게 이상하게 만들어 놨으니 여기에 대한 안내표지판이 있긴 합니다. 이 사진은 1km쯤 전방에 있는 오버헤드식 표지판입니다.

　이 도로를 처음 달릴 때 표지판을 빤히 보면서도 참 와닿지 않더군요. 지명만 써 있고 방향(남/북)이 없어서인지 모르겠습니다. 오른쪽 차로가 북쪽 도로로 연결되는 게 '아님'을 알아채지 못했습니다.

지명을 넣은 부분에 동선을 함께 표시했으면 인식하기 훨씬 쉬웠겠지요. 일본의 한 지역 예입니다.

출처 구글 맵

그리고 앞 페이지 사진처럼 밀양/삼랑진, 부산/김해 지정차로 표지판이 있더라도 전방이 1+1로 갈라진다는 말이 없기에 전방 예측이 되지 않습니다.

지금처럼 달구지용 도로 평면도 표지판 대신에 차라리 캐나다처럼 '차로'를 포함한 도로 평면도를 그려 놓으면 인식하기에 훨씬 쉬울 텐데 말입니다. 1+1으로 변경된다는 예견을 할 수 있으니까요. 아, 이런 방식으로 하면 왼쪽과 오른쪽이 꼬여서 보기가 좀 이상해지려나요? 뭐 이 정도면 약과지요. 한국 달구지용 표지판에는 얼마나 형이상학적인 것이 많은데….

더 진행하면 (한국 도로의 특징 중 하나인) 길바닥에 그려 놓은 색상별 유도선이 나타납니다.

이 구간에서는 왜 오버헤드 방식으로 지정차로 표지를 설치하지 않았는지 의아하더군요.

상나전 교차로와 같은 방식의 교차로가 흔한지는 모르겠습니다.
그런데 이런 방식으로 만드는 이유가 무엇일까요?

도로이용 네트워크(www.srek.or.kr)

29

운전자를 들들 볶는 도로,
아- 차분하게 운전하고 싶다

한국 도로의 특징 중 하나는 '운전자를 성가시게 만든다'는 것입니다.

목적지로 이동하는 동안 차분하게 운전할 수 있으면 좋겠는데 도로관리당국은 운전자를 불편하게 만드는 재주가 있어 보입니다.

어떤 것들인가 하면,
- 터널 안의 호각 소리, 경고 사이렌 소리 또는 여자 목소리
- 도로 표면에 흰색 뭔가를 넓게 박아 놓아 드드드득 소리 나는 구간
- 도로 표면을 울퉁불퉁하게 만들어 놓은 구간
- 아무데나 있는 속도방지턱 또는 가짜 속도방지턱
- 고속도로 주위에 걸려진 별별 내용의 표어 또는 배너
- 국도 중간에 위치한 화물차 계량소

더 있겠지만 당장은 이런 것들이 기억나는군요.

어느 날, 고속도로의 한 터널을 통과하는데 경찰인지 앰뷸런스인지 요란한 사이렌 소리가 들렸습니다. 뒤를 돌아보니 경찰이나 앰뷸런스, 소방차의 모습은 보이지 않았습니다. 그런데 소리는 계속 들리더군요. 터널 안이니 아무래도 일반도로보다는 운전하기에 신경이 더 쓰이는데, 이 소리의 정체를 파악하느라 정작 운전에 집중하지 못하는 희한한 상황이 벌어지고 있었습니다. 계속 찾아봐도 요란한 소리를 내는 차량은 안 보이고…. 도대체 뭘까요? 참 난감한 상황이더군요. 어디에 있는지 정체를 파악하지도 못하겠고, 차선변경도 안되고….

캐나다나 미국에서는 운전하다가 사이렌 소리를 듣게 되면 그 비상차량을 확인한 후 곧바로 갓길에 차를 세워야 합니다. 한국은 그 정도는 아니지만 비상차량에게 '길을

터 주고' 있지요.

터널을 빠져나오니 조용해졌습니다. 그리고 그 다음 터널에 들어갔더니 또 똑같은 소리가 들려왔습니다. 음…. 뭐에 홀렸나 싶더군요. 그리고 몇 번을 더 다니다가 그 정체를 알게 되었습니다. 자동으로 쌍욕이 나오더군요.

얼마 전까지 부산의 황령터널 안에서도 똑같은 상황이 벌어졌었습니다. 삑삑 거리는 호각 소리, 거기에 더해 '안전운전, 안전운전'을 외치는 고음의 여자 목소리….

황령터널 안의 소리는 정말 무지무지 요란하고 시끄러웠는데 요즘은 조용해졌더군요. 정전이 되었을지도 모르겠습니다.

인터넷 카페에 비슷한 내용을 질문했더니 도로관리 쪽에 종사하는 듯한 분은, 그렇게 함으로써 사고율이 낮아졌다고 하시더군요. 이용자를 얕잡아봐도 한참 얕잡아 보는 듯하였습니다.

여러 나라에서 살아보고 운전했지만 귀를 막고 싶은 터널은 한국에서 처음 봅니다. 정도가 지나쳐 운전자를 미쳐버리게 만들 정도의 소음이지요. 사고율에 영향을 줄 정도라면 교통선진국에서는 왜 이런 경고음을 터널 안에서 틀어 놓지 않을까요? 그랬다간 이용자인 운전자들에게 호되게 욕을 먹을테니까요.

한국 운전자들이 얼마나 졸며 다니는지는 모르겠습니다. 부주의한 운전자는 한국 도로에서 아주 흔하게 조우하게 됩니다. 안전거리 없이 바짝 붙어 다니거나, 좁은 틈새로 추월한다던가. 미국에서 그런 짓을 했다면 아마도 총알을 맞을 각오를 해야 할 겁니다.

소음으로 운전자를 경각시키겠다는 의도는 졸음 운전자를 대상으로 한 듯한데, 그건 졸음 운전행위를 하는 그 운전자가 책임을 져야 하는 게 정상 아닐까요? 성인인데….

그리고 졸음 운전자가 문제라면, 졸 가능성이 높은 직업 운전자에게 실질적으로 영향을 미칠 수 있는 '정책'을 펼쳐야지, 모든 운전자에게 '소음공해'란 불편을 끼치는 건 무슨 연유일까요?

미국·캐나다의 화물차 운전자, 버스 운전자는 일일 운행가능시간 제한이 있고, 운행일지를 기록하고 있으며 그 일지를 점검받는 걸로 알고 있습니다. 무제한 운전에 따른 졸음운전을 원천적으로 줄이는 '정책'일 겁니다.

한국은 어떤가요? 화물차 운전자들이 하루에 몇 시간밖에 자지 못하는 경우가 흔하다고 들었습니다.

고속도로에 걸려 있는 배너에는,

- 사람이 먼저다
- 앞차가 졸면 빵빵
- 차가 막힐 때는 깜빡이를….

등등이 써 있던데 그런 걸 누가 보나 모르겠습니다. 처음 한두 번은 뭔가 하고 보겠지만 곧 무관심하게 될 테니까요. 양치기에게 당하는 것도 두 번까지지, 그 다음엔 귀에도 들어오지 않고 눈으로 보고 있어도 읽혀지지 않는 게 대부분입니다. 미국·캐나다 도로에 무슨 배너가 걸려 있는 걸 본 기억이 없습니다.

어느 도로에는 터널 입구에 국토교통부라고 크게 써 놓았더군요. 도로관리책임이 국토교통부라고 써 놓은 것인지, 우리가 잘하고 있다며 국토교통부라고 써 놓은 것인지, 이런 수준밖에 안 되어 죄송하고 국토교통부로 연락해 성토하라는 건지 모르겠더군요.

　국토교통부의 마스코트도 함께 그려놨는데 그중 왼쪽 아이는 어찌된 일인지 가려 놓았습니다. 이런 걸 돈 들여가며 왜 설치해 놓을까요? 그리고 마스코트를 만들 필요가 있을까요? 일반인들은 그런 마스코트가 있는지 없는지 관심도 없지만, 꼬마들이 좋아할 만한 마스코트를 만들어 놓으면 전문가 집단이라고 느껴지는지 궁금합니다. 오히려 자긍심을 잃게 하지 않을까 염려되는군요. 물론 대부분 관심도 없겠지만요. 한글을 모르는 사람이 저 표지와 마스코트를 본다면 거의 틀림없이 유치원 홍보라고 여겼을 겁니다.

도로는 교통선진국처럼 그 기본에 철저해야 한다고 생각합니다. 이용자가 편안하고 안락하게 목적지에 도달할 수 있도록 도로를 설계하고 건설하고 유지해야 하는 것 아닐까요?

참, 한국 고속도로에는 이런저런 장식물들이 있던데 그런 장식물을 설치하는 이유는 뭘까요? 궁금합니다. 이 또한 교통선진국에선 본 적이 없거든요.

도로이용 네트워크(www.srek.or.kr)

30

나라별 규제 느낌

●
●
●

캐나다에서 운전하다가 한국에 들어와 운전하면 '아주 갑갑'하게 느껴집니다. 반대로, 한국에서 캐나다로 가 운전하면 '자유'스러움을 느끼게 됩니다. 규제의 차이 때문인데, 문화와 법률이 국가마다 다르다 해도 한국의 교통 관련 규제는 너무 답답하다고 생각합니다.

단순하게 설명하면,
- 한국: '쭈-욱 계속 안 되고, 여기서 그리고 이 경우에만 하시오'
- 미국·캐나다: '쭈-욱 계속 되고, 여기서만 하지 마시오'

U턴을 예로 들면,

- 한국: U턴 지정 구간에서 지정된 조건에서만 허용

출처 https://brunch.co.kr/@caroute/13

- 미국·캐나다: U턴 금지 구간, 해당 조건에서만 미허용

NO U-TURNS Sign

서로 거의 완전히 반대 개념입니다.

한국에선 반대편 도로가 텅텅 비어 있어도 U턴 장소에서 U턴 조건이 맞을 때까지 기다려야 합니다. 운전자 자신이 책임을 지고 행동하는 자율권이 전혀 인정되지 않고 있지요. 악용하는 경우가 있기 때문이라고 하지만 효율이란 관점에서 보면 좋다고 말하기 어려울 겁니다.

중국은 한국과 비슷했고 일본과 아랍 에미리트는 캐나다와 비슷했네요. 유럽에선 직접 운전해 보지 않아 모르겠습니다.

도로이용 네트워크(www.srek.or.kr)

이런데서 사고 나면
누구 책임?
정부에서
보상받자

31

시속 90km의 국도 1차로에
U턴 구간이 나타난다고?
정말?

지난 여름 경기도 이천 인근의 3번 국도를 남쪽으로 달리는데 희한한 구간을 만났었습니다.

비가 내리는 날, 새로 개통한 지 얼마 안 되는 듯한 잘 닦여진 도로를 좌-악 달려가고 있었습니다. 편도 2차로, 제한속도 90km/h인 도로를 고고씽 중이었는데 이런 표지판이 나타났습니다.

왼쪽도 장호원, 오른쪽도 장호원입니다. 방향은 서로 반대입니다.

자유로 이산포 분기점 전방에서 두 개의 '서울'을 만나 헷갈린지 며칠 되었다고 이번엔 '장호원'이 또 두 개네요? 몇 년 만에 한국에 돌아오니 왜 똑같은 지명의 도시가 좌·우로 있을까, 혼란스럽기 시작했습니다.

이 표지판에서 U턴 표시를 인지하질 못했습니다. 서로 반대 방향의 장호원에 집중하느라….

'왜 장호원이 두 개고 서로 방향이 반대지'라고 고민고민하며 좀 더 달리니 이 표지판이 나타났습니다.

계속 장호원 출구가 왼쪽과 오른쪽 두 군데입니다.

여기서 U턴 표시가 있음을 알아차렸는데, 멀쩡히 달리던 도로의 1차로에 왜 난데없이 유턴 그림이 그려져 있는지 더 헷갈리기 시작합니다.

아까 표지판과 똑같은데 여기선 분홍색과 녹색 유도선이 눈에 띄더군요.

'이게 도대체 무슨 소리야…. 씽씽 잘 달리던 도로에 서로 반대 방향의 장호원 두 개가 나오질 않나, 1차로에 U턴 표시가 돼 있질 않나, 유도선이 있다고 하질 않나…. 도대체 전방에 무슨 일이 있는 거야?'

'소형차 어쩌구…'라는 부분이 눈에 띄어 1차로로 옮겼는데 아무리 머리를 광속으로 돌려도 전방이 이해가 되지 않았습니다.

참, 비가 오는 날이라 길바닥의 색상유도선은 거의 보이지 않더군요. 블랙박스 영상을 보고서야 알았습니다.

소형차 U턴 표지가 또 보입니다.

좀 더 진행하니 노란색의 뭔가가 걸려 있던데 꼭 전쟁영화에 나오는 잔혹한 장면 같아 보여 기분이 몹시 상하더군요.

많은 나라에서 운전해 봤지만 이런 이상한 걸 도로 위에 걸어 놓은 곳은 처음 보았습니다.

'후진국에서도 이렇게 하지 않던데….

도대체 저게 뭘 알리겠다는 신호지?' 눈과 손은 길을 따라 가고 있는데, 머리는 계속 다른 생각 중입니다.

좀 더 진행하니, 저 앞에 가던 차량들의 브레이크등이 켜지고 갈팡지팡하는 모습이 보이더군요. 그리고 좀 더 가서 유턴을 했네요.

결국 이 도로는 임시개통인지 이 구간 이후에는 아직 공사중이었고 장호원행의 원활한 흐름을 위해 출구를 두 개로 운영한 듯합니다. 그러면 그런 내용을 도로 표지판에 써 놓았으면 될 걸 왜 그리도 안내에 인색한지 모르겠습니다.

2km 전방부터 U턴 표지가 있었는데, 캐나다 같았으면 거기부터 노란색 표지판으로 운전자의 시선을 확실하게 끌고 내용을 전달했을 거라 생각합니다.

적절한 심볼이 없다면 그냥 평범한 문구로 썼어도 되겠지요. '몇 미터 전방에서 도로 끝남' 왜 이 말을 써 놓지 못하고 U턴 표시와 왼쪽 장호원, 오른쪽 장호원으로 표시해 놓아 운전자를 헷갈리게 할까요?

얼마나 똑똑하게 문제를 해결하나 보자… 라는 건지….

소형차란 문구를 써 놓긴 했는데, 그걸 정상임을 뜻하는 녹색 표지판에 써 놓았습니다. 그렇게 만들면 운전자의 시선을 끌 수 있다고 생각했을까요? 운전자의 눈길을 잡기 위해서는 노란색 또는 빨간색 표지로 했어야 운전자는 정상이 아님을 쉽게 인지할수 있는데 말입니다.

결국 여러 개의 표지판을 정상인 듯 만들어 놓고 노란색 헝겊을 매달아 놓는 희한한 짓을 했습니다. 아주 기발합니다. 짝짝짝!

이 시점이 되면 궁금해지지요. 운전자에게 적절한 정보를 잘 제공하면 도로관리자에게는 무슨 문제가 생기나요? 감사·문책과 같은…. 위와 같은 현상을 보면 이해하기가 어렵습니다.

잘 아시는 분의 답을 기다려 봅니다.

도로이용 네트워크(www.srek.or.kr)

32

길바닥 도배,
한국 운전자는 어디를 보며 운전하는 걸까?

운전자는 전방을 주시하면서 운전합니다. 멀리에서 가까이까지/가까이에서 멀리까지, 그리고 좌·우를 주기적으로 살피는 게 '전방주시'일 겁니다.

캐나다의 사스캐처원(Saskatchewan)주 운전교본에 이런 내용이 나오더군요(좌·우에 대한 내용은 뺐습니다).

'멀리 → 가까이 → 멀리 → 가까이 주시하는 패턴을 반복함으로써 운전자는 시각 정보를 충분히 얻을 수 있다.'

여기서 멀리와 가까이는 이렇다고 합니다.

· 멀리: 고속도로에서 지평선 근처 지점을 바라본다면, 90초 정도의 거리가 되고
· 가까이: 점선 차선이 저 앞에서 실선으로 보여지는 지점을 바라보면, 12초 정도의 거리가 된다는 군요.

제가 운전할 때도 비슷한 듯합니다. 사스캐처원은 평원 지역이니 산악이 많은 한국과는 좀 다르긴 하겠지만 큰 개념에서 보면 그렇습니다.

고속도로나 자동차 전용도로를 운전할 때는 사스캐처원 교본에서 말하는 90초 거리를 바라보고, 시내에서는 12초 거리 이내를 바라보는 듯합니다. 물론 정확한 건 아니고 개인적인 느낌이지요.(시야 각도에 대해 찾아보고 있는데, 현재까지는 사스캐처원주 운전교본이 제일 참고할 만했습니다. 더 좋은 자료를 갖고 계신 분은 알려주세요.)

도로관리자가 운전자에게 메시지를 전하고 싶으면, 표지판이나 전광판, 신호등 이런 방식을 이용할 텐데 그 시설물들도 운전자의 '적정' 시야에 위치해 있어야 할 것입니다. 그래야 운전자가 쉽게 인식할 수 있으니까요. 그런데 한국에선 상당히 많은 정보가 운전자의 '적정' 시야에 있지 않고 길바닥(노면)에 써 있습니다.

길바닥의 정보는,

· 다른 차량에 가려 있거나

· 비가 오거나

· 눈에 가려지거나

· 기타 등등의 경우로 무용지물이 되고 마는데도 그렇습니다.

길바닥에 써 있는 정보는 주(primary)가 아니고 보조적임은 상식적으로 봐도 당연하겠지요. 그런데 한국에서는 그 반대입니다. 길바닥을 주(primary)로 해 놓은 곳이 천지이지요. 지금껏 살며 경험해 본 나라 중 한국이 유일한 곳이 아닌가 싶습니다.

55번 고속도로 서대구 톨게이트 인근 모습입니다.

출처 네이버 지도 ☁ **NAVER**

오버헤드 방식으로 지정차로 표지가 있음에도 불구하고 길바닥을 온통 '도배'해 놓았습니다.

이 구간을 지나는데 정신이 무척이나 산만했습니다.

100km/h로 주행하며 그 많은 노면 정보를 확인해야 하고 또 오버헤드 표지판 내용과 비교하고…. 운전하며 두뇌를 엄청난 속도로 가동해야 하지만 무엇보다도 눈이 쉽게 피곤해지더군요. 주행 속도도 당연히 떨어지게 되고….

한국 조종사신체검사 항목 중의 하나로 '주변시야'가 있습니다.

이렇게 생긴 검사기로, 가운데 전방의 흰 점을 주시하면서 위·아래·좌·우 주위에 일어나는 변화를 감지하는 검사입니다. 이 항목에 통과하지 못해 조종사신체검사증을 받지 못하는 경우를 의외로 여러 번 보았습니다. 친한 선배도 그랬고….

제 시력과 주변시야 기능이 좋아 변화를 아주 잘 캐치합니다. 그런데 이 좋은 눈이 한국에서 운전하면 어떤 구간에서는 금방 지쳐버립니다. 앞의 서대구 톨게이트 부근을 지나며 도로관리자에게 또 한번 짜증이 났었습니다. 어지럽기까지 하더군요.

부산의 낙동대교 동쪽 방향입니다. 여기는 아예 오버헤드 방식의 표지판도 없이 길바닥에만 써 났습니다.

여기서 조금 더 가면 이렇게 해 놓았습니다. 2차로의 차량과 3차로의 차량이 서로 충돌하라는 걸까요?

다녀보면, 노면표시에 치중하는 이유가 예산을 절감하기 위해서라는 느낌이 들 때도 있지만 반드시 그것만은 아니라는 생각도 듭니다. 오버헤드 방식 구조물을 설치한다면 적지 않은 돈이 들 텐데 그런 방식으로 안내표지판을 설치해 놓았음에도 불구하고 길바닥에 중복해서 엄청나게 써 놓은 걸 보면 말입니다.

· 운전자들의 시력이 좋지 않아 오버헤드식 표지판을 인지하지 못하거나
· 길바닥 위주의 안내에 너무 익숙해져서 길바닥 안내가 없으면 혼란스러워하거나
· 이렇게 적극적으로 표시해 놓았는데도 문제를 일으킨다면 모든 건 운전자 잘못이라는 면피성 목적이라든지

등등의 이유가 있지 않을까 여겨집니다.

물론, 예산 절감을 위해서인지 길바닥에만 써 놓은 곳이 눈에 제일 많이 띄더군요.

어쨌든 길바닥 표시, 정말 한국만의 독특한 안내 방식입니다. 그런데 결코 안전한 방식이라고 말할 수 없습니다. 길바닥 표시는 꼭 필요한 경우 보조적으로 쓰여져야 하며, 오버헤드식 표지판이 주(primary)가 되어야 할 것입니다.

도로이용 네트워크(www.srek.or.kr)

33

EXIT ONLY(출구전용 차로)와 LANE CLOSED(차로 끊김) 안내를 왜 안 해주지?

서울 동부간선도로 북쪽 방향 모습입니다. 편도 4차로의 넓은 도로에 한 차로가 오른쪽에서 합류하고 있습니다.

잠시 후 1개 차로가 분리해 나갑니다. 이제, 주 도로에는 3개 차로만 남게 되니 3+1 이라고 표기할 수 있겠네요.

분기점 350미터 전방에 이런 표지판이 있습니다.

이 표지판을 보고 전방 상황이 어떨 것이라고 예상하시겠습니까? 아마도 대부분의 운전자는 다음 그림처럼 '연결차로가 생기며 갈라지는 형태'를 떠올리실 듯합니다. 본선은 영향을 받지 않는 구조입니다.

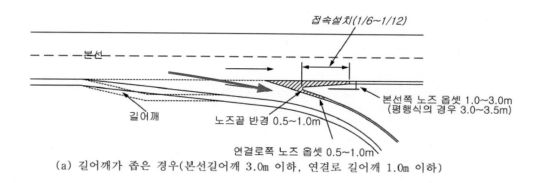

(a) 길어깨가 좁은 경우(본선길어깨 3.0m 이하, 연결로 길어깨 1.0m 이하)

잠시 후 이런 내용의 표지판이 나타납니다.

갈리진 구간의 모습입니다.

동부간선도로의 이 구간에서 북쪽으로 진행하려면 1, 2, 3차로를 유지하여야 합니다. 네 개 차로의 도로에서 한 개 차로가 없어져버리는 상황임에도 '매우 충분하게' 안내해 주고 있기에 초행길 운전자라면 곤혹스러워질 수 있는 지역입니다.

다음은 서울 올림픽대로입니다.

출처 네이버 지도 🄽 NAVER

시청/반포대교로 향하려면 왼쪽으로 빠져야 한다는군요. 이 표지판을 보면 1차로는 계속 김포공항 쪽으로 연장(=직진 가능)될 듯해 보입니다.

차로별로 이런 안내까지 있습니다. 1차로 길바닥에 유도선이 칠해져 있지만 1차로는 계속 직진이 가능할 것으로 보입니다.

하지만 1차로는 이렇게 주도로에서 갈라져 버립니다. 빨간색으로 표시한 표지판에는 시청/반포대교라고 써 있군요. 앞에서 다룬 동부간선도로와 동일한 구조, 동일한 표지 방식입니다.

서울에서 살 때인 90년대에도 이 구간은 같았습니다. 올림픽대로를 동서로 자주 왕복했었는데 1차로를 타고 있다가 여기서 반포대교 쪽으로 빠져야만 했던 적이 여러 번이었습니다. 그때는 내비게이션 장치가 없었기에 주의를 기울이지 않으면 그렇게 되곤 했었습니다. 그런데 이십 몇 년이 지난 21세기, 대한민국의 수도 중심도로에 이런 구조와 표지방식이 그대로 유지되고 있음에 놀라울 뿐입니다. 분홍색 유도선이 칠해져 있는데 그 당시보다 개선되었다고 해야 하는 걸까요?

그럼 이런 상황에서 교통선진국의 표지판은 어떨까요?

캐나다 토론토 중심을 관통하는 도로입니다. 오버헤드식 표지판을 보기만 해도 어느 차로에 있어야 하는지 이해가 됩니다. 또한 EXIT/SORTIE(출구)라고 명확하게 표시해 놓았기에 해당 차로는 직진구간이 아님을 알 수 있으며 노란색 표기라 운전자의 시선을 잘 끌고 있습니다. 오버헤드식 표지판을 지나니 오른쪽에 세워져 있는 노란색 표지판을 만나게 됩니다(빨간색 표시). 두 개 차로가 갈라짐을 한 번 더 알려주고 있네요.

출처 구글 맵

다음은 미국 디트로이트 근처입니다. 갈라져 나가는 차로 위에 EXIT ONLY(출구전용)라고 써 놓아 갈라져 나가는 차로임을 명확하게 알려주고 있습니다. 당연히 여기서도 노란색입니다.

출처 구글 맵

동부간선도로 내부순환로 출구와 올림픽대로 반포대교 출구와 너무 비교되는군요. 교통선진국 방식이 당연히 운전자 친화적이라고 말할 수 있겠습니다.

앞에서 다루었던 동부간선도로 내부순환로 출구를 지나 북쪽으로 더 진행하면 이런 구간이 나옵니다.

출처 네이버 지도 NAVER

3개 차로 중 한 차로가 없어져 2개 차로로 됩니다. 첫 번째 차로가 사라져 버리는데 과연 안내는 적절할까요? 만약 적절했다면 이 책에 실릴 이유가 없겠지요.

첫 번째 차로가 사라지기 약 130미터 전방에 이런 안내가 있습니다. 그 위의 표지판에는 어떠한 '비정상 상황'을 알려주는 메시지가 없습니다.

출처 구글 맵

조금 더 진행하면 이런 문구가 걸려 있습니다. 공사 중이라 1차로가 사라진다는 내용을 매우 눈에 잘 띄게 표시해 두었습니다. 운전자들이 아주 쉽게 알아보겠네요.

출처 구글 맵

다음은 부산의 대동화명대교 서쪽 마지막 구간의 모습으로, 지나다 보면 사진에 나오는 흰색/빨간색 플라스틱 안전장벽이 부서져 있는 모습을 종종 볼 수 있는 곳입니다

대동화명대교는 2012년 6월 준공된 멋진 사장교로, 보상문제로 인하여 서쪽 도로가 연결되지 않은 상태로 개통되었습니다. 따라서 차로 2개의 대교를 건너면 두 차로 모두 차단되고 우측으로 빠져나가야 하는 구조입니다.

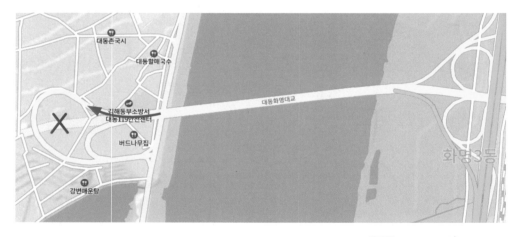

출처 네이버 지도 ☁NAVER

그런데 이렇게 '비정상'적인 상황임에도 불구하고 운전자에 대한 안내가 너무 미흡한 곳이기도 합니다. 다리가 끝나기 300미터 전방에 설치되어 있는 표지판입니다.

지명은 없지만 직진 화살표가 그려져 있고 빨간색 X가 표시되어 있습니다. 이 구간을 달리며 저 빨간 X를 발견할 수 있는 운전자가 얼마나 될지 궁금합니다. 이 표지판에는 X 이외에 운전자의 시선을 끄는 아무런 표시가 없습니다. 정상처럼 보이는군요.

교량 중간중간에 '좌측차로 없어짐' 표지판이 오른쪽에 걸려 있습니다. 이 또한 신기합니다. 상식적으로 본다면, 왼쪽 차로가 없어지기에 표지판은 왼쪽에 있어야 할 텐데요. 경찰청 발간 자료에서는 우측 설치가 원칙이라고 합니다.

○ 편도 2차로 이상의 도로에서 우측 또는 좌측의 차로가 없어지는 곳에 설치해야 한다.

해설 편도 2차로 이상의 도로에서 우측 또는 좌측의 차로수가 감소되어 사고위험 또는 소통장애나 정체 등이 예상되는 장소에 설치한다. 설치위치는 차로가 없어진 지점으로부터 전방 50~200m 범위 내로 하며, 주행속도가 높은 도로에서는 중복하여 설치한다. 이 경우 공학적 판단에 따른다. 설치장소는 도로 우측에 설치하는 것을 원칙으로 한다. 다만, 좌측차로수 감소로 인해 좌측차로를 통행하는 운전자에게 알릴 필요가 있는 경우 도로좌측에 추가하여 설치할 수 있다.

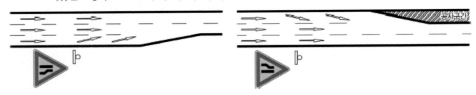

[그림 3-19] **우측차로없어짐(119) 및 좌측차로없어짐(120) 표지 설치 예시도**

출처 교통안전표지 설치 관리 매뉴얼

대동화명대교에서는 이 원칙을 잘 따랐다고 할 수 있겠군요. 그런데 정말 이상합니다. 일반적 상식과는 다르니 말입니다.

이런 상황이라면 교통선진국에서는 어떻게 할까요?

미국 뉴욕시 맨하탄의 한 도로입니다. 차로가 사라진다는 메시지를 오버헤드식으로 표시해 놓았습니다. 운전자의 시야에 아주 잘 들어옵니다. 야간용 조명시설까지 설치해 두었군요.

미국 노스 캐롤라이나주의 한 도로입니다. 역시 눈에 확 띄기도 하고 어떤 차로가 사라지는지 금방 이해됩니다.

8장에서 다루었듯이 한국의 도로 표지판은 달구지용이라고 불러야 적절해 보입니다. 차로가 본선에서 완전히 분리되고, 직진이 차단된 상황인데도 계속 달구지식으로 안내하고 있습니다. 왜 교통선진국처럼 운전자 친화적으로 정보 제공을 하지 못할까요? 이런데서 운전자가 당황하여 사고가 난다면 과연 운전자만의 문제일까요? 그 근본적인 원인을 제공한 도로관리 관공서의 책임은 어떻게 되는 거지요?

도로이용 네트워크(www.srek.or.kr)

34

도류화, 설계 지침과 다르면 누가 책임지는 거지?

이런 교차로가 있습니다. 북에서 남으로 향하는 도로입니다(위에서 아래 방향).

교차로 진입 전에는 3개 차로인 도로가 교차로를 지나면 4개 차로로 변합니다. 세 번째 차로에 있던 운전자는 교차로를 지나며 세 번째 차로 또는 네 번째 차로를 이용

할 수 있습니다. 그런데 파란색 동선으로(그러니까 네 번째 차로) 주행할 경우, 우측에서 합류하는 차량과 A 지점에서 충돌할 가능성이 매우 높습니다. 더군다나 합류하는 도로는 2개 차로나 됩니다. 왜 이런 일이 벌어질까요?

조금만 지켜보면, 전문가가 아니더라도 교통섬이 잘못 만들어져 있음을 알 수 있습니다. 교차로 진입 전이나 후나 3개의 차로는 그대로 유지되어야 정상일 텐데 차로를 늘리며 교통섬을 줄여버렸고 결과적으로 합류하는 차량을 보호하지 못하는 엉뚱한 상황이 벌어지고 있습니다.

교통섬 크기는 이렇게 되어야 정상이라고 여겨집니다.

국토교통부의 자료에는 어떻게 나오는지 찾아보았습니다.

2015년에 발간된 『평면교차로 설계 지침』에 도류화란 용어와 설명이 실려 있습니다. 이 자료는 한글로만 되어 있기에 검색해 보니 도류화는 道流化라고 하는군요. 그 의미는, '자동차와 보행자를 안전하고 질서 있게 이동시킬 목적으로 교통섬이나 노면표시를 이용하여 상충하는 교통류를 분리시키거나 규제하여 명확한 통행경로를 지시하여 안전하고 신속한 통행을 보장하기 위해 사용하는 기법'이라고 설명되어 있습니다.

이 내용을 앞의 교차로에 대입해 보면, 현재 설치되어 있는 교통섬은 상충하는 교통류 분리와 명확한 통행경로 지시에 실패하고 있음이 자명합니다. 설계지침에 반하는 구조물이 어떻게 도로에 버젓이 설치되어 운전자의 생명을 위태롭게 하고 있을까요? 설계지침이 2015년판이던데 그 이전 버전의 설계지침에서는 이런 내용이 없던 것일까요? 전문가가 아니어도 상식적으로 알 수 있는 수준일 텐데…. 참 신기합니다. 여기서 사고가 난다면 도로관리 관공서의 책임도 상당할 것이라고 생각합니다.

다음은 국토교통부 평면교차로 설계 지침의 부록에 수록되어 있는 도류화 예시입니다.

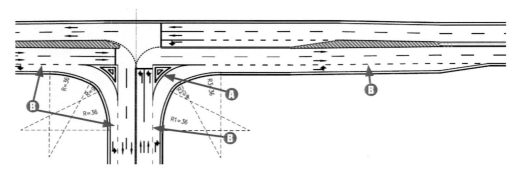

출처 국토교통부, 『평면교차로 설계 지침』, 2015

이 예시의 기준은 준도시지역으로 4차로 국도/중로 기준이라고 합니다. 앞에서 다루었던 교차로와 차로 수는 다르지만 교통섬(A)의 역할을 확실하게 알 수 있습니다.

참고로, 이 예시의 B 점선은 다른 자료의 동일 구간 차선과 다르군요. 경찰청 자료에는 이런 식으로 되어 있습니다.

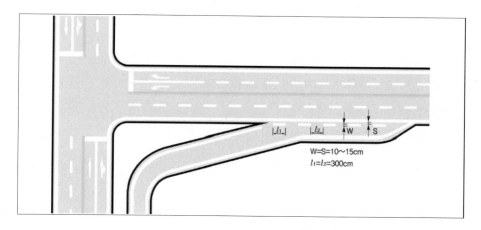

26장에서 다루었듯이 해당 기관들 사이의 기준 통일이 되지 않았다는 느낌을 받게 됩니다.

이런 구간도 있습니다. 차로 4개인 도로에서 오른쪽으로 차로 하나가 분리하며 3개 차로로 줄어듭니다. A로 표시된 노면 교통섬(길바닥에 그려 놓은 선)이 네 번째 차로의 동선을 구분하고 있습니다.

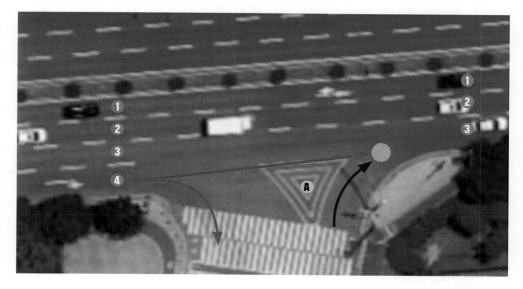

A 표시의 노면 교통섬이 있긴 하지만 네 번째 차로의 운전자에겐 (가까워질 때까지) 노면 교통섬이 보이지 않으니 그대로 직진하는 경우도 생기게 됩니다. 파란색 동선의 합류 차량과 충돌할 가능성이 당연히 높아지겠지요. 이런 무용지물의 노면 교통섬은 왜 그려 놓았을까요? 네 번째 차로의 동선을 구분 지으려면 '물리적' 교통섬을 알맞은 크기로 논리에 맞게 만들어야 한다고 생각합니다.

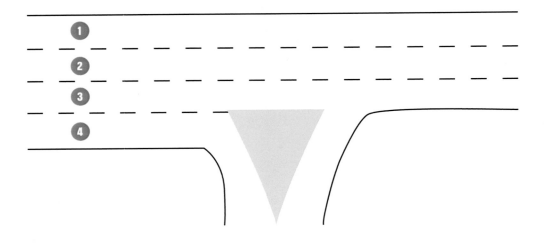

당연히 네 번째 차로에는 '우측차로=출구전용'임을 알려야 하겠지요. 캐나다 같으면 이런 표지판이 있을 것입니다.

운전자들은 안전하고 편안하게 도로를 이용하고 싶어합니다. 이를 위한 개념이 도류화이고 이 기법을 현실화하여 차량의 흐름을 물 흐르듯 부드럽게 조절해 주어야 하겠지요. 설계지침에 나와 있듯 꼼꼼한 도류화 설계와 시공으로 운전자의 안전과 편안함을 보장함은 전문가 집단으로서 도로 담당기관의 의무일 것입니다.

도로이용 네트워크(www.srek.or.kr)

35

급커브, 절대감속···.
용어가 얼마만큼 세지나 보자

아래는 경남 창녕군 계성 인근의 5번 국도 모습입니다.

갓길 쪽에 '급커브', '절대감속'의 빨간 표지판이 나열되어 있습니다. 이 구간을 다녀보면 '여기가 왜 급커브 구간이지?'라는 의문이 들게 됩니다. 직선은 아니지만 일반적 굽은(커브) 길이지 '급'커브는 아니라고 여겨지기 때문입니다.

이 5번 고속도로의 바로 옆으로 55번 고속도로(중부내륙고속도로)가 지나고 있습니다.

노란색이 5번 국도, 주황색이 55번 고속도로로 두 도로는 거의 평행합니다. 제한속도가 80km/h인 국도에서 급커브라면, 100km/h인 고속도로에서 급커브는 더 중요한 메시지일 것입니다. 그런데 고속도로에는 급커브라는 표지가 하나도 없습니다. 해당 구간의 모습입니다.

5번 국도에는 급커브, 절대감속이라는 무지막지한 문구를 왜 써 놓은 것일까요? 20여 년 전 이민 가기 전에는 '커브', '감속'이란 단어들을 주로 썼던 걸로 기억이 납니다. 그런데 어느 시기부터인지 한국에서는 급커브, 절대감속, 절대서행 등의 강한 문구가 눈에 띄기 시작하더군요. 왜 그렇게 되었는지 유추할 수 있지만 용어는 정확하게 써야 하지 않을까요? 언젠가는 초급커브(超), 극초급커브(極超) 등으로 발전할 수도 있겠습니다.

12장에서 다루었던 경남 김해시 전하교 교차로는 여러 가지로 특이한 곳입니다. 적신호 시 우회전도 그렇지만 도로가 급격하게 굽었는데 그 안내가 없기 때문입니다. 전하교 인근의 모습입니다.

출처 네이버 지도 NAVER

빨간색 동선의 경우 오른쪽으로 직각에 가까울 정도로 도로가 꺾여 있습니다. 우회전 차로는 3개인데, 속도를 적절하게 조절하지 못하면 우회전하며 자기 차선보다 안쪽으로 쏠려버려 다른 차량의 차로로 침범할 가능성이 매우 높은 구간입니다. 세 번째 차로의 경우가 제일 심해, 속도를 충분히 줄이며 방향조절을 적절하게 해야 자기 차로 유지가 가능합니다. 그런데 이렇게 위험한 곳에 급커브임을 알리는 표지판이 없습니다. 여기는 '정말' 급커브 구간인데….

전하교 진입 전의 모습으로 빨간색으로 표시한 신호등이 우회전 부분입니다. 전하교에 진입하면 노면 화살표가 나타납니다. 우회전을 의미하는지 급커브를 의미하는지는 모르겠습니다.

우로 굽은 길임을 알려주는 표지판은 300미터 전방에 있는 이 안내표지가 유일합니다(어디엔가 더 있을 수도 있겠지만 지금까지 찾은 결과입니다). 박물관 위치를 알려주고 있네요.

여기엔 승용차 크기 정도로 커다랗게 '급커브' 표지를 설치해 놓아야 할 텐데요.

참고로, 전하교 교차로를 지나자마자 적지 않은 운전자는 당황하게 됩니다. 네 개 차로로 넓어진 도로에서 1, 2차로가 좌회전이 되어 버리기 때문입니다. 직진하려면 우측의 두 개 차로를 유지해야 합니다. 90도 우회전으로 핸들 맛을 보고, 그 다음은 갑작스런 차로 변경. 경험 많은 운전자에게 스릴을 선사하는 잘 설계된 구간입니다.

한국 도로에서의 급커브 표지판 설치 기준을 검색하고 있으나 아직 찾지 못했습니다. 캐나다 도로를 다녀보면 표지와 안내가 꼼꼼하게 적재적소에 되어 있음을 느낄 수 있습니다. 굽은 도로(커브) 표지판도 마찬가지로 굽은 정도에 따라 적절한 표지가 있습니다. 여기에 대한 Ontario Traffic Manual의 내용을 옮겨 봅니다.
캐나다 온타리오주의 커브 표지판은 이처럼 여러 가지가 있습니다.

Wa-1형 Wa-2형

Wa-3형 Wa-4형

Wa-5형

앞 표지판들을 해당 지형에 맞추어 설치하는데 그 기준은 다음 표와 같습니다.

Posted Speed (Initial Speed) (km/h)	Turn/Curve Advisory Speed (Final Speed) (km/h)							
	100	90	80	70	60	50	40	30 or less
100	Wa-103 Wa-105	Wa-103 Wa-105	Wa-103 Wa-105	Wa-103 Wa-105	Wa-102 Wa-104	Wa-102 Wa-104	Wa-101	Wa-101
90		Wa-103 Wa-105	Wa-103 Wa-105	Wa-103 Wa-105	Wa-102 Wa-104	Wa-102 Wa-104	Wa-102 Wa-104	Wa-101
80			Wa-103 Wa-105	Wa-103 Wa-105	Wa-102 Wa-104	Wa-102 Wa-104	Wa-102 Wa-104	Wa-101
70				Wa-103 Wa-105	Wa-102 Wa-104	Wa-102 Wa-104	Wa-102 Wa-104	Wa-101
60					Wa-3 Wa-5	Wa-2 Wa-4	Wa-102 Wa-104	Wa-101
50						Wa-3 Wa-5	Wa-2 Wa-4	Wa-101
40							Wa-3 Wa-5	Wa-1

왼쪽의 Posted Speed(커브 시작 전 속도)와 오른쪽의 Turn/Curve Advisory Speed가 만나는 칸을 찾는 방식으로, 만약 커브 시작 전 80km/h, 커브 마지막 속도가 50km/h라면 Wa-102형이나 104형을 사용합니다. Advisory Speed와 Final Speed는 권장 속도 또는 커브 마지막의 속도입니다(참고로, Wa-101, 102, 103, 104, 105형은 Wa-1, 2, 3, 4, 5형의 대형 표지판을 의미합니다).

Advisory Speed(또는 Final Speed)는 구슬형 경사계(Ball-bank Indicator) 또는 공학공식을 이용하여 결정합니다. 다음의 구슬형 경사계 그림 A는 0도일 때, B는 10도 경사를 지시하고 있습니다.

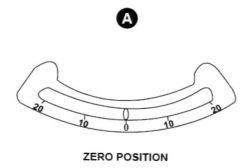

ZERO POSITION

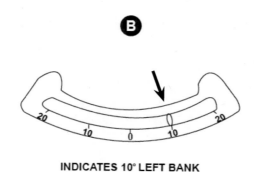

INDICATES 10° LEFT BANK

위 여러 이미지 출처 OTM

　캐나다 방식이 운전자 친화적임은 분명합니다. 한국의 도로에도 이렇게 명확하게 표시해 놓을 수 없을까요? 부적절한 표지가 반복될수록 운전자는 점점 더 표지판을 불신하게 되고 커브는 급커브, 초급커브, 극초급커브로 점점 더 심한 용어가 필요하게 될 것입니다.

도로이용 네트워크(www.srek.or.kr)

이런데서 사고 나면
누구 책임?
정부에서
보상받자

36

이런 달구지용 표지판도 있네

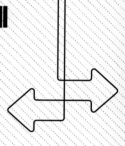

아래 두 표지판을 만난다면 어떻게 해석하시겠습니까? 표지판을 해석한다니 말이 좀 이상하긴 하네요. 어떻게 이해하시겠습니까?

출처 네이버 지도 NAVER

첫 번째 사진인 덕천교차로에서, '차로 수는 그대로 유지되며 양산, 낙동강하구둑 순서로 분기된다. 차로 수의 변화가 없기에 가장자리 차로에서 직진이 가능하다'라고, 그리고 두 번째 사진인 회동교차로에서도 마찬가지로 '차로 수 변화가 없으며 정관, 운산터널 순서로 분기된다. 가장자리 차로를 유지하고 있어도 직진할 수 있다'라고 공대를 졸업한 공돌이는 이해합니다.

동일한 표지판의 예로 일본 동경의 동경고속도로(東京高速道路)를 들 수 있겠군요. 다음은 오미야(大宮) 인근의 모습으로 25번 출구(300미터 전방)와 E17 고속도로행 분기점(700미터 전방)으로 두 번 갈라지지만 차로 수의 변화 없이 계속 2개 차로를 유지합니다.

출처 구글 맵

하지만 실제 상황은 매우 다릅니다.

덕천교차로의 모습입니다. 3개 차로가 두 개와 한 개로 분리(2+1)되니 차로 수 유지가 되지 않고 있습니다. 가장자리인 세 번째 차로는 양산 방향으로 완전 분리되기에 직진이 불가능합니다.

출처 네이버 지도 NAVER

회동교차로 역시 마찬가지입니다. 5개 차로가 네 개와 한 개로 분리(4+1)되는 차로 수 변화가 일어나고 있습니다. 가장자리인 다섯 번째 차로는 주도로에서 완전 분리되기에 여기서 직진할 수 없습니다.

이 두 곳의 표지판은 달구지용이 맞습니다. 차로 개념이 전혀 존재하지 않으니까요. 언젠가 이런 구간에서 어떻게 운전하느냐고 질문했더니 '적당히 진행하다 전방 도로상황을 보고 변경한다'란 답을 들었었습니다. 한국에서는 정답이지만 교통선진국에서는 전혀 상상할 수 없는 답입니다.

미국 위스칸신주 자료에 회동교차로에 적용할 만한 예시가 있습니다. 회동교차로 표지판은 이 예시를 참고하여 수정하면 되겠군요.

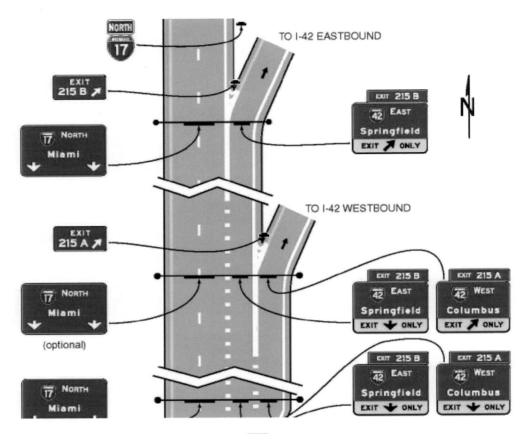

출처 Wisconsin Manual on Uniform Traffic Control Devices

운전자를 헷갈리게 만드는 달구지용 표지판, 운전자 친화적 표지로 바뀌어야 합니다. 공항의 운항구역(Airside) 설비가 조종사 친화적이듯 도로에서의 설비는 당연히 운전자 친화적이어야 할 것입니다.

도로이용 네트워크(www.srek.or.kr)

37

혹시 여기서 세금이 새고 있는 건 아닐까?

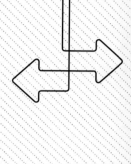

다음은 대구 칠곡의 관음로입니다.

남쪽 방향 도로가 3개 차로로 이루어져 있습니다. 세 번째 차로에는 주차한 차량으로 가득한 경우가 많기에 주로 1, 2차로로 주행이 가능합니다. 그런데 관음가스충전소 근처에 다다르면 첫 번째 차로가 갑직유(갑자기 직진 차로가 U턴 차로)로 되어 버립니다. 당연히 차량들이 차선 변경하느라 혼란이 일어나게 됩니다. 2차로 운전자들도 덩달아 힘들어집니다.

열을 받아 식식거리며 이 구간을 지나고 나면 6차로의 광활한 도로가 기다리고 있습니다.

그런데 뭔가 이상합니다. 이 넓은 도로의 1, 2차로가 텅 비어 있고 나머지 차로에만 차량이 가득합니다. 초행길인 저 또한 3차로로 바꿔봅니다.

곧 그 이유를 알게 되었습니다. 1, 2차로 모두 좌회전으로 바뀌기 때문이었습니다. 이런 의문이 들더군요. '관음로를 (주차되어 있는 차로가 정상이라고 한다면) 기본 차로 수 3으로 남행한 도로가 왜 갑자기 차로 수 6으로 두 배나 넓어질까? 두 차로를 좌회전 차로로 배정해야 한다면, 기본 차로 수 3을 유지하며 점차적으로 좌회전 차로가 늘어나야 하는 것 아닐까? 넓게 닦아 놓았건만 일정 부분이 쓰이지 않는다면 과연 효율적이었을까? 세금이 적절하게 쓰여진 것일까?' 등등의 여러 생각이 들었습니다. 도로 설계, 건설의 비전문가로서는 더 이상은 알 수 없습니다. 다만 이용자로서 많은 의구심이 들었습니다. 유사한 구간 예를 하나 더 들어보겠습니다.

부산 강서구 생곡로입니다.

출처 네이버 지도 **NAVER**

기본 차로 수 3인 생곡로를 서쪽으로 달리다가 가리새3로를 지나면 5개 차로로 넓어집니다. 한 블록을 지나면 4개 차로가 되고, 다시 한 블록을 더 지나면 5개 차로가 됩니다. 곧이어 좌측 두 개 차로는 고가도로 진입을 위해 분리되고 나머지 3개 차로가 남게 됩니다. 우측으로 한 개 차로가 늘어 4개 차로가 됩니다. 고가도로용까지 합하면 총 6개 차로입니다.

4개 차로인 그 도로를 주행하다가 다음 사진의 전방 교차로에서 우회전을 하려면 맨 가장자리인 네 번째 차로를 탈 것입니다. 그런데 그 네 번째 차로는 우회전 직전에 사라져 버립니다. 당연히 우측차로 없어짐 표지판, 진로변경제한선 이런 건 없습니다. 우회전 하려면 세 번째 차로를 유지해야 합니다.

결국 공장에서 나온 차량의 가속구간 역할을 하는 네 번째 차로는 가속구간만큼만 만들어졌어야 하지만 계속 연장되어 있어 정상 차선인 듯 운전자를 착각하게 만들고 있습니다. 이런 개념으로 설계되었다면, 그림의 노란색 구간은 만들지 않아도 되는 불필요한 영역이 되겠지요.

차량의 동선을 고려하여 도로를 설계한다면 한정된 자원과 세금을 효율적으로 쓸 수 있으리라 생각합니다. 보다 안전한 운전 환경도 함께 따라오겠지요.

그나저나 한국 도로 폭은 넓은 곳이 정말 많습니다. 그 넓은 도로가 과연 효율적으로 쓰이고 있을까요? 가장자리 차로가 (실질적) 주차장으로 변해버린 도로를 흔히 발견할 수 있습니다. 덕분에 설계 차로는 줄어들어 버리고…. 이런 현실을 감안하여 넓게 닦는 것일까요? 교통선진국에서는 볼 수 없는 정말 한국적인 모습입니다.

도로이용 네트워크(www.srek.or.kr)

한국에 올 때마다 도로에서 투덜거리는 날이 태반이었습니다.

도대체 무슨 생각으로 도로를 이렇게 만들어 놨을까? 이민 가기 전에도 마찬가지였고, 이민 후에도 적지 않은 액수의 세금을 한국 정부에 꼬박꼬박 냈건만….

언제부턴가 불평만 할 게 아니라 한 번 적어보자란 생각이 들어 틈이 날 때마다 메모를 남겼습니다. 그리고 시간이 많던 어느 날, 메모들을 모아 내용을 주-욱 살펴보니 한국 도로에 어떤 문제들이 있는지 정리가 되더군요. 그러면서 한국의 도로설계기준이 어떻기에 이런 도로가 만들어지고, 유지되고 있을까 궁금하여 찾아보기도 했습니다.

전문가는 아니지만 공돌이 출신이기에 관련 자료들을 이해하기엔 어렵지 않았지만 뭔가 부족했습니다. 국가 인프라인 도로를 이렇게 설계하지 않을 텐데…. 이런 의구심과 함께 말이지요. 캐나다나 다른 교통선진국에서 운전할 때의 상황을 한국 도로설계기준에 대입시켜 보면 충족되지 않는 부분이 너무 많았기 때문입니다.

그러다가 캐나다 온타리오주의 도로설계기준인 Ontario Traffic Manuals을 알게 되었고, 캐나다 도로설계의 바이블인 Geometric Design Guide for Canadian Roads까지 연장되었습니다. 그리고 거기서 모든 궁금증이 해소되었습니다. 아, 이러니까 캐나다에서 운전하면 편했구나, 미국 자료와 일본 자료도 찾아보니 비슷했습니다.

한국 도로에서의 경험과 도로설계 자료들을 비교해 보니 답이 나옵니다. 한국은, 경험 많고 아주 익숙한 운전자만을 위한 도로구나…. 그럼 그 나머지 운전자는 뭐지? 초행길일 때도 그렇고 어떻게 이렇게 만들어 놓을 수 있을까? 인터넷 카페에 글을 올리면서 작게나마 충격을 받기도 했습니다.

· 금정IC와 같은 다이아몬드형 구조가 고속도로 진입/출구에 있음과

· 버스전용차선의 공간적 안전마진 결여에 대해서였지요.

　교통선진국에서는 전혀 경험하지 못했던 불안전한 진출입 램프 구조가 적지 않은 한국 운전자들에게는 평범한 구조로 느껴지고 있었고, 괜히 캐나다 티만 내는 듯하여 쓸까말까 고민을 했던 버스전용차로 문제는 전혀 새로운 개념이 아님(거의 30년 전 미국 LA에서 처음 본 듯)에도 불구하고 회원들의 반응은 그렇지 않았기 때문입니다.

　개인적으로는, 제멋대로인 차선과 불명확한 제한속도 표지, 우선순위 부재, 멍텅구리 신호등에 대한 반응이 제일 클 것으로 예상했었지만 의외였습니다.

　종합적으로 보면, 차로 유지 일관성(Lane Continuity)과 목적지 유지 일관성(Route Continuity) 개념이 없으며, 엇갈림(Weaving)의 끝판왕 대저분기점과 같은 구조가 버젓이 쓰여지고 있듯 한국 운전자는 극한으로 몰려지고 있는 게 현실입니다. 몇 시간 운전한 어제도 갈팡질팡하는 운전자 여러 명을 보았습니다.

　어떤 나라에서는 아주 편하고 쉽게 도로를 이용할 수 있는데, 어떤 나라에서는 왜 그리도 어렵게 해 놓았을까요?

　이런 데서 난 사고는 틀림없이 원인 제공자인 정부 책임이겠지만 해결까지는 꽤나 복잡한 과정을 거쳐야 할 것으로 보입니다.

　그래서 고민에 고민을 해봤습니다. 더 나은 해결책은 없는가?

　가장 바람직한 경우는, 예산 지출을 집행하는 정부 관련 기관에서 한국 도로 문제를 스스로 파악하고, 스스로 개선하는 케이스일 것입니다. 하지만 현실과는 거리가 멀어 보입니다. 다른 방법은 무엇일까? 개인적으로 민원을 제기하는 방법이 있겠지만 효율이 높지 못합니다. 결국, 이용자인 한국의 도로 이용자들이 모여 단체를 만들고 그 단체 명의로 수정과 개선을 요구하는 방법이 가장 나으리라 여겨집니다.

　20여 년 전, 대한항공에서 일할 때 한국민간항공조종사협회(ALPA-K) 설립에 참여했었습니다. 목적 중의 하나는, 항공안전에 관한 조종사 관점의 피드백을 해당 관공서에

제공하고 소통하는 것이었습니다. 그 전까지는 그런 채널이 없었지요.

제가 시설본부를 맡았고 그 당시 대한민국의 관문공항이었던 김포공항의 항공기 운항구역(Airside) 문제점에 대해 보고서를 만들어 이를 서울지방항공청(서지항)에 제출하였습니다. 그러곤 서지항과 회의를 거쳐 김포공항 Airside의 여러 가지를 명확하게 수정하도록 했던 경험이 있습니다. 서지항 담당자들도 아주 반겼었지요. 그동안 항공사에 물어봐도 신통치 않은 형식적인 답변만 들었었다고 했습니다.

한국의 도로에도 동일한 방법을 적용한다면 개선 또는 업그레이드되리라 생각합니다. 물론 도로건설·유지 부분은 항공 분야에 비해 규모가 크고 이해관계가 얽혀 있기에 쉽지는 않겠지요. 하지만 한국의 도로 이용자들이 모여 이용자 위주의 도로가 되도록 공론화하면 바뀌지 않을까 싶습니다. 현재의 미국식 도로 시스템을 만들어 가는 과정에서, 이용자 단체인 AAA(American Automobile Association)도 많은 영향을 미쳤다고 하지요.

한국에선 분위기만 타면 의외로 쉽게 해결되기도 합니다. 공중화장실 변천사만 봐도 그렇습니다. 이용자들이 단체로 나서서 여론화시키면 한국 도로도 쉽고 편한 도로로 변하리라 믿습니다.

미천한 글을 읽느라 고생하셨습니다. 글솜씨 없는 저 또한 글로 설명하느라 무척 힘들었네요. 이 책을 읽는 모든 분들의 안전 운전을 기원합니다!

· 도로 이용자 중심의 도로 업그레이드를 위한 모임이 있습니다. 관심있는 분들의 참여를 바랍니다.

(도로이용자 네트워크, www.srek.or.kr)